Kap Arkona
Vitt
Altenkirchen
Hiddensee
34 Spyker
Großer Jasmunder Bodden
Saßnitz
Rügen
Vorpommersche Boddenlandschaft
Ralswiek 33
Prorer Wiek
Boldevitz
Zingst
Bergen
Der Grabow
Kubitzer Bodden
35 Granitz/Binz
Krönnevitz
Barth
Stralsund 32
36 Putbus
Greifswalder Bodden
Deutsche Alleen-straße
Dänische Wiek
Peenestrom
Greifswald 38
Pommersche Bucht
Griebenow
Achterwasser
Bansin
Heringsdorf
37 Nehringen
Trebel
Peene
Usedom
Ahlbeck
Karlsburg 40
Bömitz
Mellenthin
Quilow
Buggenhagen
25 Dargun
Kartlow
Demmin
Vanselow
39 Neetzow
Anklam
Stettiner Haff (Oderhaff)
Kummerower See
Klempenow
Spantekow
Kummerow
41 Ueckermünde
Remplin
24 Ivenack
23 Basedow
Zettemin
Galenbecker See
Randow
Ulrichshusen
Kittendorf
Polen
Neubrandenburg
Varchentin
Krugsdorf
Groß Plasten
Waren
Tollensesee
Pasewalk
30 Penzlin
Klink
31 Stargard
Lebbin
Prillwitz
Uecker
29 Hohenzieritz
Müritz
Weisdin
Ludorf
Neustrelitz 28
Penkun
Mirow 27
Brandenburg

Schlösser, Herrenhäuser und Kirchen in Mecklenburg-Vorpommern

L&H VERLAG

DANKE

Matthies Autoteile Werkzeuge, Hamburg/Rostock	
Tourismusverband Mecklenburg-Vorpommern, Rostock	**10**
Ostsee-Zeitung, Rostock	**12**
Auto-Partner GmbH, Bad Doberan	309
Schlosshotel Basthorst	102
Landhotel Bömitz	254
Landhotel Schloss Daschow	201
Hotel Dobler, Schwerin	113
elbotel, Rostock	129
Falkenløwe	175
Schloss Frauenmark	83
Fremdenverkehrsverein Güstrow e. V.	308
Schloss Hasenwinkel	109
Schloss Krönnevitz	293
Natur- und Umweltpark Güstrow	13
Hotel Schloss Passow	218
Sea Marketing Tours, Rostock	309
Schlosshotel Burg Schlitz	166
Schwerin Plus	13
Gutshaus Solzow	219
Schlosshotel Spyker	307
Weiße Flotte Stralsund	277
Schloss Ulrichshusen	293
Gutshof Woldzegarten	199

Landesamt für Denkmalpflege Mecklenburg-Vorpommern

Der Verlag hat die Anzeigen für Monumente/ Deutsche Stiftung Denkmalschutz (306), die Kulturstiftung DessauWörlitz (312) und die Gesellschaft der Freunde des Dessau-Wörlitzer Gartenreiches e.V. (311) kostenlos geschaltet

Schlösser, Herrenhäuser und Kirchen in Mecklenburg-Vorpommern

Dieter Pocher

Holger Klaue

Reiner Elwers

L&H VERLAG

As uns Herrgott de Welt erschaffen ded,
fung hei bi Meckelnborg an...

Fritz Reuter

INHALT

WILLKOMMEN IN MECKLENBURG-VORPOMMERN

Das nordöstlichste deutsche Bundesland besitzt neben schönen Ostseestränden stolze Hansestädte, einladende Seebäder, mehr als 1000 große und kleine Seen, herrliche Alleen, einstige Residenzen, eindrucksvolle Backsteinarchitektur und viel Ruhe und Natur. Aber es gibt noch einen weiteren wesentlichen Grund, dieses Land im Urlaub oder auf einer Kurzreise zu besuchen oder es als Einwohner besser kennen zu lernen: die große Zahl der Schlösser und Herrenhäuser und die faszinierenden Kirchen des Landes, die – gerade auch in den Dörfern abseits der großen Straßen – geschichtsträchtig und geheimnisvoll den Reiz für eine Reise nach Mecklenburg-Vorpommern abseits der touristischen Hauptpfade bestimmen.

Dieser Reiseführer kann wegen der großen Fülle kunsthistorischer Attraktionen nur Anregungen geben. Zwangsläufig mussten wir eine Auswahl treffen, die sich an den Hauptkriterien kunst- und kulturgeschichtliche Bedeutung, Zutritt und Begehbarkeit sowie Attraktivität orientierte.

Nutzen Sie dieses Buch zur Reisevorbereitung und während der Reise:

Jedes kunsthistorisch bedeutende Haus trägt eine Ziffer (von 1 bis 41). Alle anderen Häuser – häufig nicht weniger attraktiv, aber eben speziell und unbedingt sehenswert – haben keine Ziffer. Sie sind im Text einem Haus mit Ziffer zugeordnet und sind von dort aus schnell zu erreichen. Die Lage der Häuser entnehmen Sie bitte den Übersichtskarten (vordere und hintere Umschlagseite) sowie den Regionalkarten im Buch.

Die Adressen der Schlosshotels finden Sie im Anhang. Aber auch im Text weisen wir bereits auf einige Hotels und Restaurants hin, die sich durch Besonderheiten hervortun und von unseren Autoren als Tipps empfohlen werden. Nur: Die Hotel- und Gastronomieszene ist vielseitig und abwechslungsreich. Mecklenburg-Vorpommern war und ist ein Land der Kontraste, Verfall und Wiederhergestelltes stehen eng beieinander. Wo heute der Putz bröckelt, eröffnet morgen ein Hotel für gehobenere Ansprüche. Deshalb unsere Bitte: Nutzen Sie für Ihre Reise auch das umfangreiche Angebot an Informationsmaterial, das die Tourismusverbände herausgeben. Dort erhalten Sie auch ständig aktualisierte Informationen und gute Broschüren zu Schlössern und Herrenhäusern. Die Adressen der wichtigsten Touristikämter finden Sie im Anhang unter Reisetipps.

Alle in diesem Buch enthaltenen Angaben wurden von den Autoren und der Redaktion nach bestem Wissen erstellt und mit großer Sorgfalt überprüft. Gleichwohl sind inhaltliche Fehler nicht vollständig auszuschließen. Für fehlerhafte Angaben übernimmt der Verlag keine Garantie bzw. Haftung. Wir bitten dafür um Verständnis und werden Korrekturhinweise gerne aufgreifen.

Der Dichter Fritz Reuter (1810–1874) schrieb über Mecklenburg: „As uns' Hergott de Welt erschaffen ded, fung hei bi Meckelnborg an ... un schön is't in'n ganzen worden ..."
Sie werden es sehen!

L&H Verlag

MECKLENBURG-VORPOMMERN
Blühende Rapsfelder

Schloss Güstrow
Das größte erhaltene Renaissanceschloss in Mecklenburg-Vorpommern

KUNSTHISTORISCHE EINFÜHRUNG

Eine Reise in die Geschichte, zu Kunst und Kultur

EINE REISE IN DIE GESCHICHTE, ZU KUNST UND KULTUR

Der Eindruck eines großen Landschaftsgemäldes
erhöht sich für den Denkenden, wenn er es
mit Geschichte zu verbinden weiß.

Ferdinand Gregorovius

Zugegeben, einer solchen Geschichtsauffassung mag etwas Romantisches anhaften. Tatsächlich verbirgt sich dahinter aber ein Denkmodell, das – ausgehend von dem engen Geflecht zwischen Landesnatur, Geschichte, Kunst und Kultur – am Bild der Gegenwart Vergangenes erkennen möchte. Zur Deutung gemeinsamer siedlungs- und agrar- sowie kulturgeschichtlicher Konturen im heutigen Bundesland Mecklenburg-Vorpommern bietet es sich an. Dies umso mehr, als hier seit dem Ende des Zweiten Weltkrieges und neuerlich bei der Länderbildung im Frühsommer 1990 zwei benachbarte historische Kulturlandschaften Norddeutschlands mit eigenen, weithin sogar voneinander unabhängigen Geschichtsbezügen zu einer Verwaltungseinheit zusammengefügt sind: das gut tausend-

MECKLENBURG-VORPOMMERN
Ideal zum Radeln

jährige Mecklenburg – bis 1918 ein souveräner Bundesstaat – und das nicht minder traditionsreiche Vorpommern – ein Rest der 1945 untergegangenen preußischen Provinz Pommern. Zu den prägenden Landschaftseindrücken zählen hier die auf rund 1800 bezifferten Gutsanlagen, selbst wenn davon bereits siebzig Prozent ernsthaft substanzgefährdet sind.

Dieser Reiseführer regt zum Entdecken solcher Schlösser und Herrenhäuser an, die touristisch nutzbar sind, verweist aber auch auf solche, die zu den bau- und kunstgeschichtlichen Kostbarkeiten in Mecklenburg-Vorpommern rechnen. Ein Katalogisieren ist freilich nicht beabsichtigt, wohl aber sollen die in ihrem architektonischen Anspruch durchaus differierenden Gebäude einen repräsentativen Überblick über einen spezifischen Bereich regionaler Baugeschichte vermitteln.

Einladend liegen sie vor uns, die mannigfaltigen, eiszeitlich modellierten Landschaftsbilder von Mecklenburg-Vorpommern – gewissermaßen eine "Schöpfung" der letzten großen Kälteperiode, der so genannten Weichselkaltzeit. Unschwer weiß der Kenner die bunte Abfolge von Flachland und Hügelketten, Seen und Wasserläufen als glaziale Serie zu deuten. Waldstreifen, Baumgruppen, Alleen, unterschiedlich grün, das Rot der Dächer kleiner Dörfer, einzelner Gehöfte, scheinbar endlose Wiesen und Felder, das Wechselspiel aufgetürmter Wolkenberge – das sind die Farbtupfer, die den Zauber der Landschaftseindrücke nur noch erhöhen. Andererseits: Die natürlichen Ressourcen sind mehr als bescheiden. Relativ dünn besiedelt, ist diese nordöstliche Region bis heute agrarisch bestimmt.

Bodendenkmale und archäologische Fundplätze beweisen, dass das heutige Mecklenburg-Vorpommern seit gut zehntausend Jahren durch Menschen besiedelt wird. Steinzeit, Bronzezeit, Eisenzeit stehen in ihrer Abfolge für zivilisatorischen Zuwachs. Als dann in der Völkerwanderungszeit die germanischen Stämme aus dem Gebiet zwischen Elbe und Oder abzogen, folgten ihnen slawische Verbände in diesen Raum nach. Mit der Neubesiedelung des Landes entstanden zwischen dem

8. und 9. Jahrhundert Dörfer und Burgen, deren mächtige Umwallungen teilweise bis heute überdauert haben, so die Anlage von Groß Raden bei Sternberg, die Michelenburg (Mecklenburg) bei Wismar und auch die Tempelburg Arkona auf der Insel Rügen. Aber schon vor der Jahrtausendwende wurden die Slawen durch ihre Nachbarn bedrängt, von Wikingern und Dänen, polnischen und deutschen Heeren. Nach dem Slawenaufstand von 983 schien das von den Anrainern Gewonnene wieder verloren. Erst im Verlauf der weiteren Ostkolonisation – jener vom Anfang des 12. bis hinein ins 13. Jahrhundert währenden und in einem engen Kontext zum damaligen Kreuzzugsgeschehen stehenden Etappe – sollten jene Siedlungsgebiete dem deutschen Lehnsverband angegliedert werden. Pribislaw, Sohn des 1160 gefallenen Obotritenfürsten Niklot, wurde 1167 Reichsfürst. Seine Nachfolger regierten als Herzöge (seit 1348) bzw. Großherzöge (seit 1815) Mecklenburg bis 1918. Bogislaw erhielt 1181 Pommern zu Lehen. Im Jahre 1637 erlosch das Greifenhaus, und schließlich bereitete der Westfälische Frieden jeglicher Selbstständigkeit jenes Landes ein Ende. Rügen, ein zunächst der dänischen Krone lehnspflichtiges Fürstentum, fiel 1325 im Erbgang an Pommern.

Durch diese politische Entwicklung wurde der nun bis in die ersten Jahrzehnte des 13. Jahrhunderts dauernde Zustrom deutscher Siedler begünstigt. Die Siedler kamen zu Tausenden aus Niedersachsen, Westfalen und Holstein, selbst aus dem Rheinland. Keineswegs planlos, denn die Forschung versteht es schon lange, die historischen Siedlungstypen, Ortsnamenübertragungen, Stadtrechtsformen, Kirchenbau- und Bauernhaustypen den verschiedenen Wanderungsrichtungen der Kolonisten zuzuordnen. So begann eine Phase, in der zahlreiche dörfliche Siedlungen entstanden, Städte, Klöster und Komtureien begründet wurden und sich ein neues Burgensystem herausbildete. Die Kolonisationsbewegung bewirkte einen wirtschaftlichen Aufschwung und führte bald zu einem relativ einheitlichen niederdeutschen Kulturgefüge. Teile der slawischen Bevölkerung vermochten sich dem deutschen Einfluss zu öffnen, und noch vor Ausgang des Spätmittelalters war dieser Volksteil völlig assimiliert.

In diesem historischen Umfeld setzt die Tradition nordostdeutscher Herrensitze ein. Eine Bauaufgabe, die bis hinein in die ersten Jahrzehnte unseres Jahrhunderts nichts an Aktualität verlieren sollte. Zweifellos hängt das mit der einstigen Wirtschaftsstruktur der Region zusammen – typische Agrarländer, in denen der Großgrundbesitz überwog. Allein 1907 wurden in Mecklenburg-Schwerin mehr als 59 %, in Mecklenburg-Strelitz 60 % und in Pommern 51 % der landwirtschaftlichen Nutzflächen von Betrieben über 100 Hektar bewirtschaftet, wohingegen der damalige Reichsdurchschnitt bei 22 % lag. Die bau- und kunstgeschichtliche Darstellung der alten Herrensitze wird demnach mit einem Blick auf die Entwicklungsgeschichte der Gutswirtschaften verbunden sein müssen.

Exakt definiert – da die Umgangssprache diese Unterscheidung zu gerne verwischt – handelt es sich bei der Burg um eine bewohnte Wehranlage, während das Schloss als Wohnsitz eines Fürsten oder einer vergleichbaren Standesperson gilt, ohne zugleich auch zur Verteidigung eingerichtet zu sein. Das Herrenhaus aber ist der Wohnbau eines Gutsbesitzers und stellt – unabhängig vom architektonischen Aufwand – in Verbindung mit den Wirtschaftsgebäuden das administrative Zentrum einer Gutsanlage dar.

Im gesamten Bereich nordöstlich der Elbe erfolgten die Dorfgründungen über so genannte Lokatoren, Mitglieder des niederen Adels zumeist deutscher Herkunft, zuweilen aber auch slawischer Abstammung. Als lehnsrechtlich eingebundene Vasallen besaßen sie neben grundherrlichen Rechten und der niederen Gerichtsbarkeit in der Regel drei bis vier Hufen Landes, womit die ritterlichen Eigenbetriebe nicht viel größer waren als die in Erbpacht bewirtschafteten Höfe. Zur Erfüllung so genannter Rossdienste, also Kriegsdienstpflichten gegenüber dem Lehnsherrn, waren dem ritterlichen Anwesen allerdings weitere Hufen zur Vieh-, insbesondere Pferdezucht zugewiesen. Erst im Verlauf von Spätmittelalter und früher Neuzeit, mit der Herausbildung von Großgrundbesitz, sollte sich dieser Zustand ändern.

Die Feldmark der Kolonisationszeit wird charakterisiert durch den Streubesitz, der sich aus dem Flurzwang der damaligen Dreifelderwirtschaft erklärt. Das heißt, die Flurstücke von Winterfeld, Sommerfeld und Brache waren gleichermaßen für den ritterlichen wie bäuerlichen Landwirt in jeweils recht lange und vor allem schmale Streifen aufgeteilt und unterlagen der kollektiven Bewirtschaftung. Dadurch war der Ritter – und mit ihm sein Hof – eng in die Dorfgemeinschaft eingebunden.

Wie die Rittersitze der Kolonisationszeit ausgesehen haben mögen, lässt sich wegen fehlender Aufzeichnungen und spärlicher Bodenfunde nur vermuten. Es ist aber davon auszugehen, dass zunächst auch hier das für den Nordosten charakteristische niedersächsische Zweiständerhaus, das so genannte Kübbungshaus, zur Anwendung gelangt ist. Unklar bleibt, ob der ritterliche Wohnsitz von Anfang an vom Wirtschaftshof getrennt war oder der Ritter sich nur in Notfällen in die außerhalb der dörflichen Siedlung errichtete Befestigung zurückzog. Diese Anlagen, schwer zugänglich in sumpfigem Gelände oder auf einem halbinselartigen Sporn gelegen, wurden in der Folgezeit zu Wehrhöfen erweitert und dienten fortan dem ortsansässigen Ritter als Wohn- und Wirtschaftsstätte.

Als Haupttyp früher niederadliger Befestigungen war der Turmhügel – überwiegend in Niederungen und nahe dem mittelalterlichen Dorfkern – weit verbreitet. Die in ihrer Ausführung recht unterschiedlichen Anlagen waren von Gräben umgeben. Der Aushub wurde meist zu rechteckigen Hügeln aufgeschüttet. Hierauf errichteten die frühen Burgherren einen von Palisaden und Hackelwerk bewehrten Turm, der anfänglich lediglich als Holz- oder Fachwerkbau aufgeführt war und erst später in massiver Steinbauweise.

In Samow und Fincken haben sich Turmhügel erhalten, für den Dewitzer Dorfverband sind – eine Seltenheit – sogar zwei solcher Anlagen überliefert, und in Göhren/Strelitz wurde ein mittelalterlicher Wehrturm in einen slawischen Burgwall eingefügt. Seit dem 14. Jahrhundert erweitern mehr oder weniger ausgedehnte, landwirtschaftlich genutzte Vorburgen solche

Alte Burg Penzlin
Beeindruckender mittelalterlicher Wehrbau

Kernbauten, wobei es sich ausschließlich um Niederungsanlagen handelt. Aussagekräftige Beispiele haben sich als Bodendenkmale erhalten, so in Groß Markow und Vorwerk/Demmin. Am beeindruckendsten sind die Ruinen der recht umfangreichen Burganlage von Stuer-Vorwerk mit dem mächtigen Wohnturm. Erwähnenswert ist ferner die im 16./17. Jahrhundert veränderte Maltzan-Burg in Penzlin. Trotz späterer Überbauung haben die Herrenhäuser Gnemern und Turow nichts an ursprünglicher Wehrhaftigkeit verloren. Über den Resten früherer Wasserburgen errichtet, erinnern beide Bauwerke an das so genannte Feste Haus, wie der Wehrhof auch bezeichnet wird. Typologisch ist die Abgrenzung zwischen den einzelnen Befestigungsformen nicht immer präzise möglich. Unter geschickter Ausnutzung natürlicher Gegebenheiten entstanden ausnahmsweise auch hoch gelegene Befestigungen, so in Weisdin.

Von diesen niederadligen Bewehrungen, die eigentlich nur geringen militärischen Wert besaßen, sind die voll ausgebildeten Burganlagen aus der Wende vom 13. zum 14. Jahrhundert zu unterscheiden. Ursprünglich in landesherrlichem Besitz, gingen sie später nicht selten durch Pfandschaft in den Besitz mächtig gewordener Vasallengeschlechter über. Bekannte Niederungsburgen dieser Art sind Wasdow und Galenbeck, wo erst nach komplizierten Erschließungs- und Fundamentierungsarbeiten die steinernen Bauten von Haupt- und Vorburg – so Wohnturm, Bergfried, Palas, Ringmauern und Toranlage – errichtet werden konnten. Aus der stattlichen Reihe der Landesburgen seien die Michelenburg und die Anlagen von Schwerin, Güstrow, Demmin und Putbus erwähnt, die – teilweise sogar noch über den alten slawischen Ringwällen errichtet – bis zur Neuzeit als Fürstensitze Bedeutung erlangt haben. Als landesherrliche Befestigung der Übergangszeit gilt die 1284 erstmals erwähnte Burg Wredenhagen, da hier in exzellenter Weise Elemente der slawischen wie frühdeutschen Burgbautradition einander durchdringen. Gadebusch und Burg Stargard, Mecklenburgs größte mittelalterliche Burg, zählen zu den Höhenburgen und sind stets in fürstlichem Besitz verblieben. Auf einer eiszeitlichen Geländekuppe seit dem 13. Jahrhundert angelegt, folgt die Stargarder Befestigung in ihrer Struktur vergleichbaren Vorbildern im Altsiedelland. Als besterhaltene mittelalterliche Burg im Lande gilt das Alte Schloss in Neustadt-Glewe, eine frühere Nebenresidenz der mecklenburgischen Herzöge. In ihrer charakteristischen Form – so der regelmäßige Grundriss und Verzicht auf ein Torhaus sowie die Lage des Bergfrieds – ist sie ein Beispiel für Wehranlagen aus dem mittleren 14. Jahrhundert.

Da seit Ende des 14. Jahrhunderts die Bedeutung von Feuerwaffen für das Befestigungswesen ständig zunahm, wurden seit der frühen Neuzeit eine Reihe von Wehranlagen waffentechnisch modernisiert und umgerüstet.
Fortifikationsanlagen, die sich wenigstens bis zum 30-jährigen Krieg bewähren sollten, werden als Feste bezeichnet. Angelegt über quadratischer oder rechteckiger Grundform und mit starken Mauern und Bastionen versehen, die die Wohn- und Wirtschaftsbauten umschließen, zeichnen sie sich gegenüber

der Burg durch ihr weiträumiges, rationelleres System von Graben und Wall aus. In Mecklenburg-Vorpommern begann diese Phase mit dem Umbau der Plauer Burg um 1540. Spantekow, aber auch Putzar und Landskron, die bescheideneren Anlagen von Dalwitz und Lühburg und nicht zu vergessen Granskevitz auf Rügen dokumentieren als zeitgleiche Befestigungen den Entwicklungsstand damaliger Wehrtechnik.

Doch sei nicht vorgegriffen. Denn am Vorabend der Reformation, die sich in Mecklenburg und Pommern ab 1520 ausbreitete, sollte sich in der Landwirtschaft eine allgemeine Krise abzeichnen. Bedingt durch die verheerenden Seuchen seit der Mitte des 14. Jahrhunderts kam es zu einer weitgehenden Entvölkerung agrarischer Regionen und damit verbunden zu Orts- und Flurwüstungen. Der Preisverfall von landwirtschaftlichen Erzeugnissen wie überhaupt ständige Geldentwertung trugen zur Verschuldung und Verarmung der Ritter bei. Das fortdauernde Fehdewesen mochte ein Übriges bewirkt haben. Bedeutendere bauliche Unternehmungen waren also kaum noch möglich. Architektonische Leistungen wie das spätgotische Netzgewölbe in Gnemern scheinen eine Ausnahme darzustellen. Insgesamt gesehen stellten sich die Ritterhöfe damals als uneinheitliche Baukomplexe dar. Aber es hatte sich ein Funktionswandel vollzogen: Wirtschafts- und Wohnbereich wurden jetzt in unmittelbarer räumlicher Abfolge aufeinander bezogen, jedoch ohne Rückkoppelung zur dörflichen Siedlung. Baukünstlerisch konnte dieses neuartige Ordnungsprinzip dann erst in der Folgezeit gelöst werden.

Die Eckdaten Reformation und Ausbruch des 30-jährigen Krieges 1618 markieren für Mecklenburg und Pommern die Zeitspanne der Renaissance. Ihre Baukultur wird bis heute durch einen für Norddeutschland erstaunlichen Reichtum an Fürstenschlössern und Herrensitzen dokumentiert. Die vielgestaltige Palette ihres künstlerischen Formengutes prägen vorrangig italienische Vorbilder, doch lassen sich auch französische und flämische sowie typisch deutsche Gestaltungsprinzipien erkennen. Anregungen, die in ihrer Synthese zu etwas Eigenständigem, Landestypischem verarbeitet worden sind, wie

Wismar
St. Georgen-Kirche und Fürstenhof

die so genannten "Johann-Albrecht-Bauten", die Residenzen in Wismar (1553 – 56, nach Plänen von Gabriel van Aken und Valentin von Lira), Schwerin (1553 – 55) und Gadebusch (1571, nach Entwurf von Christoph Haubitz) belegen. Ihre ausgewogene Gliederung und ihr charakteristischer, vom flämischen Florisstil beeinflusster Terrakottaschmuck leiten sich von norditalienischen Renaissancebauten ab. Für den Wismarer Fürstenhof war der im Jahre 1508 entstandene Palazzo Roverella in Ferrara das unmittelbare Vorbild. Die Lünettengiebel der Johann-Albrecht-Bauten lassen sich ebenfalls auf italienische Motive zurückführen, doch steht das Festhalten an aufwendigen Schmuckgiebeln durchaus auch mit nordalpinen Baugewohnheiten in Zusammenhang. Details, wie hohe Satteldächer, Treppenturm und Erker, deuten ebenfalls auf einheimische Meister.

Schloss Güstrow
Italienische Palastarchitektur,
nach Plänen von Franz Parr 1558/66

Charakteristische Elemente italienischer Palastarchitektur weist das Güstrower Schloss (1558 – 66, nach Plänen von Franz Parr) auf, die Residenz von Herzog Ulrich, einem Bruder Johann Albrechts. So die markante, fassadengliedernde Putzquaderung und hofseitig die prächtige, dreigeschossige Arkadengalerie. Auf Entlehnungen aus der französischen Schlossbaukunst deutet die Bewegtheit des Baukörpers: pavillonartig ausfluchtende Ecktürme und die als Mittelakzent der Hoffassaden konzipiert gewesenen Treppentürme sowie die durch skurril geformte Schornsteine aufgelockerte Dachlandschaft. Das niederländische Formengut des Nordflügels (1587 – 88, nach Entwurf von Philipp Brandin) bleibt zurückhaltend. Und die ungebrochene Kraft heimischer Bautraditionen zeigt sich in den aufwendigen Giebelaufbauten sowie in der asymmetrischen Komposition der Bauglieder. Als Erlebnis besonderer Art erweisen sich immer wieder die kostbaren Deckengestaltungen.

In der Spätrenaissance, unmittelbar vor Ausbruch des 30-jährigen Krieges, sollten sich nochmals niederländische Einflüsse bemerkbar machen. Seit 1612 hatte der aus Emden stammende Ghert Evert Piloot dann nur noch zum Teil ausgeführte Umbaupläne für das Schweriner Schloss erarbeitet. Danach wäre der heterogene, noch mittelalterliche Partien enthaltende Komplex großzügig zu einem einheitlichen Baublock umgestaltet worden.

Nach den Verwüstungen späterer Kriege haben sich – bis auf den bescheidenen Ludwigsburger Witwensitz von 1577 – von den pommerschen Fürstenschlössern leider nur Nachrichten erhalten, abgesehen vom Stettiner Stadtschloss. Die einstigen Greifenresidenzen zu Loitz, Franzburg und Wolgast waren sächsischen Vorbildern folgende, giebelreiche, mehrflügelige Anlagen. Erhalten hat sich lediglich die frühere Franzburger Schlosskapelle (1583). Hier, wie auch in Schwerin, erinnern die massiv aufgeführten, zweigeschossigen Emporen an den Längsseiten an die gleichzeitige Torgauer Raumlösung. In Schwerin und der Güstrower Hofkirche, dem Dom, sind rundgeformte Kanzelkörbe überliefert, ebenfalls ein Torgau-Zitat. Solche Bezüge auf den ersten protestantischen Predigtraum trugen Bekenntnis – und Denkmalcharakter, zumal Ähnliches auch für andere höfische Sakralbauten nunmehr evangelischer Fürstenfamilien belegt ist. Zusammen mit dem 1554 fertiggestellen Croy-Teppich, der seit 1684 zum Besitz der Greifswalder Universität zählt, lassen diese Bau- und Kunstwerke bis heute etwas vom langwierigen Reformationsgeschehen erahnen.

Es ist davon auszugehen, dass die Zahl der Renaissance-Herrenhäuser durch spätere Kriegsfolgen, Umbauten und Verwahrlosung stark dezimiert worden ist. Aber die erhaltenen Beispiele – so Basedow (1552), Ulrichshusen, Mellenthin (1575–88), Spantekow, Penkun (um 1600) sowie Renz, Granskevitz und Spyker – lassen den Wandel erkennen, dem seit der Mitte des 16. Jahrhunderts die Sitze des Landadels unterworfen waren. Im Allgemeinen wurden die nun räumlich vom bäuerlichen Siedlungsverband getrennten Gutsbereiche um einen rechteckigen Hof gruppiert: seitlich die

Wirtschaftsgebäude und an den Schmalseiten das Torhaus und als Kopfbau das jetzt massiv errichtete Herrenhaus mit der Längsseite als Schaufront. Eine mittig angeordnete Querdiele sowie in der Regel ein an der Hofseite angefügter Treppenturm runden das architektonische Bild ab. Selbst winkelförmige Grundrisslösungen sind gewählt worden, so in Putzar und Penkun. In Mellenthin flankieren zwei Nebenbauten das Hauptgebäude, so dass der Eindruck einer Dreiflügelanlage entsteht. So genannte "Doppelhäuser", also die aus Schleswig-Holstein und Brandenburg bekannten, aus mehreren Paralleltrakten zusammengesetzten Gebäudekörper, sind bei Schloss Basedow und auf Rügen in Üselitz (Ruine) und Boldevitz zu belegen. Insgesamt bleibt die architektonische Gliederung der zumeist zwei-, zuweilen auch dreigeschossigen Bauwerke bescheiden, abgesehen vom Portalbereich. Nach dem Vorbild der Fürstenschlösser tritt Terrakottaschmuck auf – so in Basedow, Ulrichshusen, Spantekow. Die qualitativ hochwertigen Kamine von Mellenthin und Spantekow sind als letzte Reste der ursprünglichen Innenausstattung nennenswert.

Das 18., vor allem aber das 19. Jahrhundert stehen für einen bis dahin nicht gekannten, freilich nicht krisenfrei gebliebenen Aufschwung in der Landwirtschaft. In seinem Verlauf wandelten sich die Gutswirtschaften in prosperierende agrarische Großbetriebe. Seit Mitte des 18. Jahrhunderts trat im Nordosten Deutschlands neben die traditionelle Dreifelderwirtschaft allmählich die holsteinische Koppelwirtschaft. Diese Anbaumethode, angereichert durch Erfahrungen im Lande selber, setzte sich um 1800 in einer modifizierten Form durch: der Schlagwirtschaft. Ab 1830 wurde sie den Gesetzen des Fruchtumlaufs angepasst. Damit in Zusammenhang steht, dass Klee und Raps, später auch Zuckerrüben, als neue Kulturen Eingang in den Feldbau fanden. Mit den Intensivierungsmaßnahmen in Ackerbau und Viehzucht konnten die landwirtschaftlichen Erträge in einem Umfang gesteigert werden, dass es gelang, das exportorientierte Wirtschaftsgefüge lange Zeit international konkurrenzfähig zu halten. Diese Faktoren konnten aber die schon andauernde Ausbildung von Großgrundbesitz nur noch verstärken, was schließlich grundlegende Veränderungen im Flurgefüge bewirken sollte. Es entstand das Gutsdorf, eine bis dahin in Nordostdeutschland unbekannte ländliche Siedlungsform, die sich durch ihre auffällige Zweiteilung in Herrenhof und Katenzeile auszeichnet. Allerdings lässt sich die Umstrukturierung der Gutsbetriebe und der damit verbundene Um- oder Neubau vieler Herrenhäuser nicht nur ökonomisch erklären. Vielmehr verbirgt sich dahinter auch ein Umbruch in der damaligen Lebens- und Wohnkultur. Vor diesem, hier nur andeutungsweise umrissenen Beziehungsgeflecht und geprägt durch die Architektursprache von Barock, Klassizismus, Historismus und beginnendem 20. Jahrhundert, findet die Bauaufgabe Schloss, Herrenhaus ihre künstlerische Gestalt.

Als Wehranlagen hatten die Herrenhöfe nach dem 30-jährigen Krieg ihre Bedeutung weitgehend verloren. Zumeist waren sie ohnehin verwüstet. In der schwierigen Wiederaufbauperiode lagen die zunächst noch bescheidenen Bauinitiativen fast ausschließlich beim Landadel. Lühburg und Dalwitz waren instand zu setzen, in Kurzen Trechow – ein übrigens viel zu wenig bekannter Feldsteinbau von ungewöhnlicher Qualität – sah es nicht viel anders aus, 1682–85 war Gnemern zu erneuern, um nur diese wenigen Beispiele zu nennen. Ein restriktiver Charakter lässt sich allen diesen Bauwerken nicht absprechen, und selbst am Ende des 17. Jahrhunderts mochten fortifikatorische Überlegungen noch eine Rolle spielen, wie das auf einer Landzunge zum Recknitztal hin errichtete Wohrenstorfer Herrenhaus belegt.

In dieser Situation begann ab 1657 die Ausführung von Schloss Rossewitz. Das vom Typ her als Palast zu deutende Gebäude stellt ein "Importwerk" ersten Ranges dar, das in Mecklenburg-Vorpommern einzig dasteht. Es ist überliefert, dass der weltgewandte und baukünstlerisch dilettierende Auftraggeber Joachim Heinrich v. Vieregge, angeregt durch italienische Palast- und Villenbauten, Vorbild und Raumdispositionen vorgab, während es dem Baumeister Charles Philippe Dieussart oblag, diese Gedanken architektonisch umzusetzen. Die Übernahme italienischer Elemente zeigt sich in der Wahl des

Bautyps, der in wesentlichen Punkten – so Struktur und Ausrichtung des Baukörpers – Details Genueser Stadtpaläste folgt. Dagegen zeigt sich der holländische Zug in Fassadengliederung und Baudekor. Der Aufriss dürfte Dieussart unbedingt zuzuschreiben sein, da das "Riesengebälk" – eine Sonderform von gekragtem Hauptgesims – zusammen mit dem übrigen Bauschmuck ein geschlossenes System bildet. Dieussart bewegte sich mit diesem Bau auf der aktuellen Höhe damaliger Architekturdiskussion und trug damit zur Adaption italienisch-holländischen Gedankengutes in Norddeutschland bei.

Vereinfacht gesagt, wird in Deutschland die von stilistisch unterschiedlichen Strömungen gespeiste Barockkunst um 1700 von Frankreich her beeinflusst, wobei im Norden gemäßigte, zuweilen vielleicht doch etwas zu kühle Bauformen umgesetzt wurden. Die ihr eigenen Ordnungsprinzipien, wonach auch Siedlung und Landschaft raumgreifend aufeinander bezogen worden sind, konnte die Bedeutung der Bauaufgabe Schloss, Herrenhaus nur noch unterstreichen. Gutsanlagen wie die zu Diekhof (ab 1736), Johannstorf (1743, nach Plänen von Rudolph Matthias Dallin), Faulenrost (1760–64), Ivenack und Schloss Bothmer (1726–32, nach Entwurf von Johann Friedrich Künnecke) sind Beispiele, die trotz gelegentlicher Substanzverluste seit 1945 barockes Raumempfinden bis heute vermitteln.

Als architektonischer Höhepunkt erfährt das Herrenhaus mit dem zugehörigen Park eine Deutung als Repräsentations-, Wohn- und Verwaltungszentrum der Besitzung, dem die Wirtschafts- und sonstigen Nebenbauten einschließlich die als Katen bezeichneten Leutehäuser räumlich-gestalterisch beigeordnet sind. Zwischen Gutsanlage und freier Natur vermitteln als gestalterische Elemente zuweilen Wasserläufe – meist künstlich angelegt und nun ohne fortifikatorische Bedeutung, so in Johannstorf und Bothmer. Obligat sind aber axial angelegte Alleen, als deren kostbarste in Mecklenburg-Vorpommern die weit über 200 Jahre alte Festonallee zwischen Schloss Bothmer und Hofzumfelde gilt. Schon dieses Beispiel zeigt, dass auf Ziel- oder Blickpunkte keinesfalls verzichtet wurde. Pavillons oder wie in Diekhof der große Granitobelisk bündeln die Hauptach-

Remplin
Großartige Gutsanlage aus dem 18. Jahrhundert, umgestaltet im 19. Jahrhundert

sen. In Groß Schwansee leitet die um 1750–55 gepflanzte Lindenallee den Blick axial zur Ostsee als einem Naturerlebnis im Sinne der ästhetischen Kategorie des Erhabenen. Geistesgeschichtlich darf diese ungewöhnliche Abfolge unbedingt Interesse beanspruchen, deutet sie doch auf den Wandel zu aufklärerischem Weltverständnis seit der Jahrhundertmitte. Zur Verdeutlichung bietet sich ein Vergleich mit der fast gleichzeitig errichteten Weisdiner Gutsanlage an. Nach einem Großbrand um 1740 erfolgte dort unter Wahrung von strenger Symmetrie und Axialität sowie geschickter Ausnutzung natürlicher Gegebenheiten eine räumlich-kompositorische Zuordnung von Herrenhaus (1749) und Gutskirche (1747–49), die ganz traditionell das Verhältnis von Irdischem zu jenseitig Höherem als Erlebnis der Gottesnähe thematisiert.

An Umfang das zeitgleiche städtische Bauaufkommen sogar noch übertreffend, setzte mit dem beginnenden 18. Jahrhundert auf den Gütern eine bemerkenswerte Bautätigkeit ein, die trotz krisen- bzw. kriegsbedingter Unterbrechungen schließlich in den Stilformen des Klassizismus kulminieren sollte. Nicht selten spiegelt das Ausmaß der Baufreude die Bedeutung einzelner Familien wider. So entstanden herrschaftliche Wohnsitze, die – bis auf den funktionellen Unterschied – hinsichtlich ihrer Dimensionen und künstlerischen Ausstattung einen Vergleich mit fürstlichen Bauten nicht zu scheuen brauchen, so ehedem Remplin sowie die 1945 zerstörten Schlösser Schwerinsburg und Rottmannshagen und die noch erhaltenen Schlossbauten Zettemin, Kummerow und Bothmer, die heute bedeutendste Barockanlage in Mecklenburg-Vorpommern.

In der Regel erfolgten Planung und Ausführung der Bauvorhaben durch heimische Kräfte. Auswärtige Baumeister und Kunsthandwerker wurden nur ganz selten verpflichtet. Schloss Bothmer, für das sich direkte Vorbilder nicht ohne weiteres benennen lassen, entstand als Auftragswerk eines welterfahrenen Diplomaten unter Leitung des aus Hannover stammenden Künnecke. Überregionale Beziehungen familiärer Art und Avancement im europäischen Staatsdienst, wie bei den Familien v. Bassewitz und v. Bernstorff, mögen zur Bekanntschaft mit Architekten geführt haben, deren Leistungen im benachbarten Niedersachsen und Schleswig-Holstein hoch geschätzt waren. Auch das Torhaus, ein charakteristisches Bauglied schleswig-holsteinischer Gutsanlagen, ist als "Kunstimport" zu deuten, der durch solche Beziehungen Eingang in die heimische Baugeschichte gefunden hat. Selbst die eine Torsituation beschreibenden, stets paarig angelegten Pavillonbauten stellen keine spezifisch einheimische Architekturleistung dar. Sie lassen sich aus dem stilführenden französischen Bauschaffen ableiten, doch gilt – wie in Faulenrost – eine unmittelbare Anlehnung an dieses Vorbild eher als Ausnahme.

Verbindlich blieb aber das Grundschema, wonach bei größeren Anlagen das Hauptgebäude und die Kavaliersbauten um einen Ehrenhof zu gruppieren waren. Als frühes Beispiel dieser Art gilt Lühburg (um 1720), wo bescheidene Anbauten an einen älteren Kernbau den Komplex zu einer Dreiflügelanlage modifizieren. Ein kleines, beschwingtes Bauensemble des gleichen Typs ist Kartzitz auf Rügen (um 1750). Letztmalig scheint dieses Schema bei der Vietgester Anlage (1792–94) vorgesehen gewesen zu sein. Das beeindruckendste Beispiel bleibt freilich Schloss Bothmer, dessen effektvoll gestaffelter Ehrenhof immerhin eine Gesamtbreite von 200 Metern erreicht. Die klare, streng symmetrische Grundrissgliederung dieser Schlossanlage findet im rhythmisierten Aufriss der Gebäudegruppierung eine Entsprechung. In dieser Hinsicht ergeben sich Parallelen zu Karlsburg, Kummerow, Luplow und Vietgest, wenngleich Ehrenhöfe hier fehlen. Gestaffelt durch architektonische Akzentuierungen, entwickeln sich jene Bauten in geradliniger Reihung entlang der Kopfseite des Gutshofes. Interessante Variationen des französischen Grundschemas sind für Zapkendorf, Diekhof, Dreilützow nachweisbar und planlich für Prebberede (1764) belegt. Die räumliche Gruppierung von Haupt- und Nebenbauten wirkt durch den Verzicht auf verklammernde Galerie- bzw. Zwischentrakte aufgelockert. Den gestalterischen Zusammenhang vermitteln stattdessen die zu Alleen fortgeführten Baumreihen, das Repräsentative des Ehrenhofes gegenüber dem jetzt funktionell herausgelösten eigentlichen Wirtschaftsbereich unterstreichend.

Alle diese Beispiele dürfen aber nicht darüber hinwegtäuschen, dass sich das äußere Erscheinungsbild barocker Herrenhäuser recht vielgestaltig darstellt, selbst wenn sie in der Mehrzahl einem Grundschema zu folgen scheinen, wie es sich in Weisdin und Plüschow (1758–63) erhalten hat: behäbige, zweigeschossige Bauten mit hoher Dachkonstruktion und gliedernden Risaliten, deren Raumprogramm durch Festsaal und Treppenhaus dominiert wird. Auch überwog noch lange die vergleichsweise material- und damit kostengünstigere Fachwerkbauweise. Unter weitgehendem Verzicht auf sonstigen baukünstlerischen Schmuck können sich derartige Gebäude aber durchaus als stattliche, gut proportionierte und zumeist zweigeschossige Baukörper mit nur leicht betonten Mittelachsen darstellen, so die Herrenhäuser Zühr (um 1740) und Galenbeck.

Der ländlichen Bautätigkeit ungeachtet sind auf fürstliches Betreiben auch die Residenzen erweitert, ja neu angelegt worden. Freilich, mit den großen süddeutschen Architekturleistungen können sich diese Bauvorhaben nur bedingt messen – dazu fehlten einfach die Voraussetzungen. Und in Pommern stand nach dem Erlöschen des Greifengeschlechts eine solche Bauaufgabe ohnehin nicht mehr zur Diskussion. Bedeutendes blieb im 17. Jahrhundert auf halbem Wege liegen – so der Ausbau Güstrows zu einer "Barock-Residenz".

Nach der letzten großen Landesteilung 1701 entstanden mit den beiden neu begründeten Residenzstädten Neustrelitz (seit 1726) und Ludwigslust (seit 1756–58) Ensembleleistungen von Rang. Beiden Ortsgefügen liegen Idealplanungen zugrunde. In typisch barocker Regelmäßigkeit wird die innerstädtische Bebauung in Neustrelitz über einem sternförmigen Grundriss entwickelt. Ähnliches in Ludwigslust, wo aber von vornherein auch optisch an eine Verknüpfung von Schlossbezirk und Stadtraum gedacht war: entlang einer durch platzartige Ausweitungen rhythmisierten Straßenführung. Trotz späterer Überformung haben sich in den Parkanlagen beider Residenzen eine Reihe von typischen Gestaltungselementen der ursprünglichen Barockgärten erhalten, so in Neustrelitz die Bildwerke der "Götterallee" und in Ludwigslust die bekannte Kaskade (1775) und andere Wasserspiele.

Rokokoformen, wie am Außenbau des Röckwitzer Herrenhauses (1777), stellen eine ausgesprochene Rarität dar. Im Grunde bleiben sie auf Raumdekorationen beschränkt. Köstliche Gestaltungen haben sich in Mirow – hier geschult am Vorbild des friderizianischen Rokokos – sowie in Ludwigslust, Prebberede und der Gutskapelle zu Diekhof erhalten. Auch der Zopfstil, dessen gestraffte Formensprache Übergänge zum Klassizismus vermittelt, fand hier im Nordosten kaum Verbreitung. Sein baukünstlerisches Vokabular lässt sich in Hohenzieritz an der Schlossfassade (Umbau 1790) und recht überzeugend an den Stuckaturen im Festsaal des ansonsten noch völlig barock tradierten Schlosses Vietgest ablesen.

Schloss Ludwigslust
An der Wende vom Barock zum Klassizismus

Noch deutlicher, einem Paradebeispiel gleich, präsentiert das nach Plänen von Johann Joachim Busch errichtete Ludwigsluster Residenzschloss (1772–76) den Wandel im damaligen Architekturschaffen. Nach Struktur und Raumempfinden nährt sich das Bauwerk unverkennbar aus dem Barock, aber seine kompakte Körperhaftigkeit und strenge Fassadengliederung deuten bereits auf künstlerische Positionen des Klassizismus.

So gesehen hatte das barocke Bauschaffen – beeinflusst auch durch wirtschaftliche Krisen – seinen Zenit im letzten Drittel des 18. Jahrhunderts schon überschritten, selbst wenn tradierte Formvorstellungen noch eine Zeit lang umgesetzt wurden. Als gebräuchlicher Typ hatte sich bis dahin die einheitliche, in strenger Symmetrie um die Hauptachse gruppierte Gutsanlage mit dem Herrenhaus als architektonischem, da inhaltlichem Höhepunkt herausgebildet. In seiner Grundstruktur sollte dieser Bautyp sich in der Folgezeit weiterhin bewähren. Elemente barocker Formensprache wie Fassadengliederung und hohes, abgewalmtes Mansarddach bleiben bis kurz nach 1800 nachweisbar, so in Groß Kussewitz (1805) und Ravensruh (1806), doch ist eine Formverfestigung unübersehbar. Der Plan zu einer Dreiflügelanlage ist noch einmal bei der Neuordnung der Schönfelder Gutsflur um 1817 in Erwägung gezogen worden, blieb aber unausgeführt. Letztmalig wurde dieses Thema 1826 in Neuhof beim Umbau eines älteren, barock überformten Kernbaus aufgegriffen. Gleichzeitig hierzu waren aber bereits Herrenhäuser entstanden, die sich klassizistischem Formgefühl verpflichtet zeigen: Blücherhof, Pinnow, Fincken (1801) Cramon (1804), Wedendorf (Umbau 1805–10), Burg Schlitz (Bauplan 1806, modifizierte Ausführung ab 1812), Penzlin (1808–13) und Wamckow.

Die Architekturentwicklung vollzog sich also nicht abrupt. Feststellbar ist vielmehr, dass einige nordostdeutsche Gutsanlagen des ausgehenden 18. Jahrhunderts bereits tendenziell ein räumlich-gestalterisches Ordnungsprinzip erkennen lassen, das sich später im Städtebau voll entfalten sollte: die Orientierung auf eindeutige Funktionsbestimmungen von Raumgruppen. Für anspruchsvollere ländliche Bauvorhaben ergab sich hieraus eine Trennung von Wohn- und Arbeitsbereich innerhalb der Gutsanlage wie im Einzelgebäude selbst. Als regionale Beispiele dieser durchaus europäisch auftretenden Erscheinung lassen sich Bellin und Dreilützow, aber auch Diekhof und Prebberede anführen, wo die Unterscheidung in mehr repräsentativ interpretierten Ehrenhof und beigeordneten, baulich geschickt abgesetzten Wirtschaftsteil architektonisch überzeugend gelungen ist. Im Prebbereder Herrenhaus zeigt sich die neuartige Auffassung zudem in den Querkorridoren, die unabhängig von der beibehaltenen Enfilade jeden einzelnen Raum gesondert zugänglich machen. Noch deutlicher tritt diese Tendenz in Ivenack zu Tage. Barocker Reminiszenzen ungeachtet, nimmt hier die räumliche Abfolge von Katenzeile, gesondertem Gutshof und hierarchisch gestaffeltem Schlossensemble bereits etwas von späterer Entwicklung vorweg. Ähnliches trifft auch für Bothmer zu, wo Schloss und Wirtschaftsbereich (Hofzumfelde) funktionell voneinander abgesetzt sind.

Heimisch wurde der Klassizismus in Mecklenburg und Pommern erst nach 1800. Zwar hatte es zuvor nicht an tastenden Orientierungen gefehlt, doch verbindlich wurden schließlich die künstlerischen Leitbilder der Berliner Bauschule, dem benachbarten Zentrum damaliger Architekturdiskussion von überregionaler Bedeutung. Das Auftreten spezifischer Details wie Bogennische, Blendbogen oder dreiteilige Tür-Fenster-Gruppe mit bekrönendem Lünettenfenster – so erhalten bei den Herrenhäusern Fincken und Gotthun (1827), Nustrow (1830), Repnitz bzw. Rustow (um 1810) und Kuntzow (1822) – belegt jene Vorbildwirkung. Auch die Fassadengliederung vom Herrenhaus Schorssow (Umbau 1808) – hier betonen arkadenartig eingeschnittene Blendbögen die Körperhaftigkeit der Wand – speist sich aus dieser künstlerischen Quelle. Zur Verbreitung trugen ihre relativ festen und vor allem erlernbaren Gestaltungsprinzipien bei, befähigten sie doch selbst namenlos gebliebene Handwerksmeister zu durchaus überzeugenden Bauleistungen.

Dennoch sind im Einzelfall natürlich auch Architekten von Rang mit der Ausführung von Herrenhäusern beauftragt worden. Der Anteil des hoch begabten Heinrich Gentz am Mitteltrakt von Burg Schlitz (vor 1806) lässt sich nur erahnen. Es sind hier Ideen verwirklicht, die entfernt Anregungen aus der französischen Revolutionsarchitektur erkennen lassen und an Vorstellungen erinnern, die seit Friedrich Gillys epochalen Entwürfen zu einem Nationaltheater den Formenschatz der Berliner Bauschule bereichert haben. Carl Theodor Severin, einem Schüler von Carl Gotthard Langhans und David Gilly, sind mit Sicherheit die Herrenhäuser Körchow (1822), Rosenhagen (um1820–30) und Nustrow zuzuschreiben.

Martin Friedrich Rabe, ein langjähriger Gehilfe vom älteren Gilly sowie Gentz, leitete den Umbau von Wedendorf. Die gekonnte Vereinheitlichung des Baukörpers und geschickte Fassadengliederung, mehr noch die funktionelle Neuordnung der Raumdisposition – so das Treppenhaus, die Korridore, wie

Burg Schlitz
Der Park vermittelt einen Ausflug in die Goethezeit

der aus dem Gebäudeverband völlig herausgelöste Küchen- und Wirtschaftstrakt – sichern diesem Bauwerk trotz späterer Einbußen seinen Rang in der regionalen Architekturgeschichte.

Nach Entwürfen von Joseph Christian Lillie, einem in Kopenhagen ausgebildeten Baumeister, entstanden die Herrenhäuser Schönfeld (1820), Lehsen (1822) und Pritzier (um 1820–25). Mit ihrem Portikus bestechen die beiden erst genannten Bauten durch ihren plastischen Akzent. Hierin kündigt sich bereits0 etwas von der Schmuckfreude des Spätklassizismus an, für den das reich ausgemalte Passower Herrenhaus steht.

Schließlich ist Cramon zu nennen, ein Werk des in Hamburg einst hoch geschätzten, ebenfalls aus Kopenhagen stammenden Christian Frederik Hansen. Zu Unrecht kaum bekannt, ähnelt dieses Herrenhaus den von Hansen entworfenen Villen der Elbvororte. Seine Entstehung verdankt das villenartige Gebäude dem seit Ende des 18. Jahrhunderts einsetzenden Zuzug großbürgerlicher Familien auf das Land, die sich hier als Gutsbesitzer niederließen. Diese Entwicklung führte schließlich zu einem tief greifenden Wandel in der Eigentümerstruktur, so dass bereits um 1850 die Hälfte aller mecklenburgischen Güter in bürgerlicher Hand waren.

Unter den Gutsanlagen des Klassizismus steht diejenige von Burg Schlitz einzig da. Nachdem seit 1791 die Sanierung des vordem maroden Agrarbetriebes vorangetrieben worden war, konnte ab 1806 bzw. 1812 an die Bauausführung des herrschaftlichen Wohnkomplexes gedacht werden. Der dazugehörige ca. 60 Hektar große Landschaftspark enthielt ursprünglich 36 Denkmäler und Staffagebauten, deren Sinngehalt in später Nachfolge vom Dessau-Wörlitzer Gartenreich steht. Zusammen mit den einstigen Sammlungen und eingedenk der aufklärerisch geprägten Maximen des Bauherrn, war hier über Jahrzehnte hinweg ein Gesamtkunstwerk entstanden, das aufs Neue entdeckt sein will.

Als fürstliche Auftragswerke entstanden die Wohn- und Gesellschaftsbauten der Sommerresidenz von Doberan-Heiligendamm, für die seit 1801 Severin der leitende Baumeister war. Dem Vorbild von Doberan-Heiligendamm folgend, ließ Fürst Malte von Putbus nach seiner Standeserhöhung den gleichnamigen Ort Putbus zusammen mit dem Fischerdorf Lauterbach ab 1808 zu seiner Residenz, der jüngsten in Deutschland, ausbauen. In beiden Fällen entstanden Architekturensembles von Rang, die sich durch vergleichbare räumlich-funktionelle Ordnungsprinzipien – Verknüpfung von Fürstensitz und Badeort – auszeichnen. Typisch für jene Siedlungsbilder sind Straßen und Platzräume mit locker gruppierten, architektonisch individualisierten Bauten, die aber kompositorisch durch vermittelnde Grünanlagen zusammengehalten werden.

Neben solchen herausragenden Beispielen ländlicher und fürstlicher Baukultur überwiegen natürlich die wesentlich bescheideneren Herrenhäuser und Gutsanlagen. Manches von dem ging in späteren Umbauten auf, anderes ist inzwischen verwahrlost, galt baugeschichtlich als uninteressant. Aber nur die Vielfalt aller, in ihrem architektonischen Anspruch so unterschiedlichen Landsitze prägt das Bild einer historischen Kulturlandschaft.

Die Baumeister der klassizistischen Herrenhäuser sahen sich vor die Aufgabe gestellt, Kosten und Material sparend zu bauen, ohne ästhetische Grundsätze zu vernachlässigen. Kosten, Nutzen und Schönheit mussten bei jeder Bauaufgabe miteinander korrelieren. Ein Architekturverständnis also, das sich auch in der bewussten Hinwendung zur Backsteinbauweise selbst bei repräsentativeren Gebäuden gezeigt hat, wie die zeitgleichen Bemühungen Karl Friedrich Schinkels und anderer belegen. Insofern überrascht es nicht, bei einer Reihe um 1820–30 und später errichteter Herrenhäuser auf dieses Material zu stoßen. Nach dem Baudekor sind bei solchen Bauten zwei künstlerische Auffassungen zu beobachten. Einerseits wird der Backstein, wenngleich formvergröbert, dem bekannten architektonischen Vokabular des Klassizismus unterworfen, so die Beispiele Groß Viegeln und Appelhagen (1829). Die zweite Gruppe – die Herrenhäuser Rambow und Langhagen – weist eine merkwürdig "moderne" Formensprache auf, die jegliches Antikisieren vermissen lässt, ja auf spätere Architekturentwicklung zu weisen scheint.

Unter dem Aspekt der Materialökonomie verlor die Fachwerkbauweise nie an Aktualität, blieb aber – da wenig repräsentativ – überwiegend den Wirtschafts- und Nutzbauten vorbehalten. Als Sonderform fanden im ersten Drittel des 19. Jahrhunderts zu Wirtschafts- wie Wohnzwecken nutzbare Rundbauten eine gewisse Verbreitung. Sie galten – englischen Anregungen folgend und propagiert durch die damalige Agrarwissenschaft – als besonders kostengünstige und rationell nutzbare Bauten und entstanden ausnahmslos im Zusammenhang mit groß angelegten Modernisierungen von Gutsbetrieben. Die inzwischen selten gewordenen, zudem später veränderten Beispiele in Fincken, Großen Luckow und Hof Mummendorf stellen agrargeschichtliche Baudenkmale von Rang dar.

Es fragt sich nun, ob die Gestaltungsprinzipien des Klassizismus auch die Raumordnungen der Gutsanlagen geprägt haben. Obwohl die traditionelle Rechteckform der Gutshöfe weiterhin dominieren sollte, hatten sich bei größeren Anlagen ja bereits seit dem Ende des 18. Jahrhunderts funktionellen Gesichtspunkten folgende Ordnungsprinzipien herausgebildet, die nun weitere Ausprägung fanden. Angeregt durch Raumvorstellungen des englischen Landschaftsgartens entstanden auf Ensemblewirkung abzielende Gutsanlagen, die durch Sichtachsen, Alleen und punktuell beigeordnete Nutzbauten und Vorwerke weitläufig mit der freien Natur verklammert waren. Als spätem Beispiel einer solchen räumlich-gestalterischen Verknüpfung gebührt der Besitzung Weitendorf-Kaarz Beachtung, wo nach 1872 Gutshof und repräsentativer Wohnsitz unter agrarwirtschaftlichen, verkehrstechnischen und landschaftsgestalterischen Kriterien zu einer Einheit ausgebaut wurden. Seine "klassische" Ausprägung fand dieses Prinzip freilich in Karstorf - Burg Schlitz, lässt sich aber auch in Wedendorf nachvollziehen. Die mit der klassizistischen Architekturentwicklung verwobenen Rationalisierungsvorstellungen führten selbst zu solchen Überlegungen, dass über einem fächerartigen Grundriss angelegte Gutsbetriebe effektiver zu bewirtschaften seien als solche mit herkömmlicher Hofform, zu sehen beispielsweise in Wessin und Bömitz.

Alles dies berechtigt schließlich zu der Feststellung, dass klassizistische Architekturformen und Ordnungsprinzipien selbst auf so spezifische Bauaufgaben wie Gutsanlagen, Herrenhäuser und Residenzen Einfluss erlangt haben – Bauten, die bis heute in nicht unerheblichem Maße das Erscheinungsbild dieses Baustils im Nordosten bestimmen. Um 1850 waren die formalgestalterischen Möglichkeiten des Klassizismus erschöpft. Wiederum vollzog sich der Umbruch zur historistischen Architektursprache der zweiten Jahrhunderthälfte nicht abrupt. Vielmehr folgt der Vanselower Daniel-Bau (1871) noch einmal spätklassizistischen Formvorstellungen bzw. waren tudorgotische Baumotive schon relativ früh aufgetreten, so etwa beim Durchbau von Schloss Basedow (1837) und den neu ausgeführten Herrenhäusern Schlemmin (1846) und Charlottenthal

Schloss Basedow
Reiche Architekturmotive der Tudorgotik und Neorenaissance

(1843). Es waren Auftragswerke der Berliner Architekten Friedrich August Stüler und Eduard Knoblauch sowie des Mecklenburgers Theodor Krüger, der seinen späteren künstlerischen Ruhm als Kirchenbaumeister des Schweriner Großherzogtums begründen sollte. Basedow stellt etwas Besonderes dar, weil hier gleichzeitig nicht nur das gesamte Ortsbild in tudorgotischen Formen umgestaltet, sondern das gesamte Gutsdorf in seiner räumlich-funktionellen Struktur so überarbeitet wurde, dass Reminiszenzen an eine romantische Residenz en miniature nicht abwegig scheinen. Ausgedehnte Parkanlagen, die übrigens auf Entwürfe von Peter Joseph Lenné zurückgehen, verknüpfen die locker gruppierten Bauten und Funktionsbereiche zu einer in sich geschlossenen Siedlung, deren Weichbild fließend in die freie Landschaft übergeht.

Auf die komplizierte Architekturdiskussion seit Mitte des 19. Jahrhunderts und die vergebliche Suche nach einem zeitgemäßen "Stil" kann hier nur verwiesen werden. In den Sog der beginnenden Industrialisierung geraten und damit gezwungen, sich mit grundlegenden wissenschaftlich-technischen, ökonomischen wie sozialen Veränderungen auseinander zu setzen, zeigte sich das Baugeschehen fortan durch einen Widerspruch geprägt: dem Festhalten an historischen Formvorstellungen einerseits und einem Reagieren auf jene neuartigen Bedingungen andererseits. Vereinfacht gesagt, für die reale Bauaufgabe leitete sich hieraus ein mit Elementen von Neogotik, Neorenaissance oder Neobarock bekleidetes Architekturwerk ab, wenn es sich etwa um repräsentative Bauvorhaben handelte, während die mehr und mehr vom historischen Dekor entkleideten Nutzbauten auf material- und zweckgerechte Bauformen reduziert wurden. Vor diesem Hintergrund ist die Baugeschichte des Schweriner Schlosses (1843–57), einem der bedeutendsten Bauwerke des Historismus in Deutschland, ebenso zu sehen wie die großzügige Neuordnung von Gutsanlagen.

In seiner romantischen Großartigkeit wird der Schweriner Fürstensitz gerne mit einem Märchenschloss verglichen. Seine Insellage und damit Korrespondenz zur Seenlandschaft sowie die räumlich-gestalterische Verbindung zu Schlosspark und Residenzstadt mit ihren nächstgelegenen Repräsentationsbauten am "Alten Garten" verleihen dem Gesamtensemble ein Flair, das an kühnste Architekturphantasien zeitgenössischer Künstler erinnert. Der stark zergliederte Schlosskomplex zusammen mit seinen immer noch bemerkenswerten Innendekorationen erweckt – völlig beabsichtigt – den Eindruck eines scheinbar historisch gewachsenen Renaissancebaus. Stilistisch orientieren sich die einzelnen Trakte an so heterogenen Elementen wie den Loire-Schlössern und mecklenburgischen Johann-Albrecht-Bauten sowie Piloots einstigen Umbauplänen, ganz abgesehen vom neogotischen Chor-Anbau der Schlosskapelle. Programmatisch erweist sich das Bauensemble – ausgeführt nach Plänen von Georg Adolph Demmler, Hermann Willebrand, Stüler sowie beraten durch Gottfried Semper – als ein Bilderbuch, das mit

Schloss Schwerin
Märchenschloss in Insellage

Architekturzitaten die jahrhundertealte Verknüpfung zwischen Land und Fürstenhaus und damals angestrebter Staatsidee illustriert.

Renaissanceformen erfreuten sich ferner bei repräsentativen Landsitzen großer Beliebtheit. Landschaftsgestalterisch geschickt eingebunden, können solche Architekturkompositionen außerordentlich stimmungsvoll wirken, ja faszinieren wie Klink (1897–98) oder Ralswiek (1893–94). Aber auch in Bernstorf (1879–82), ein Bau von Georg Daniel, und Groß Lüsewitz (1897) haben sich ansehnliche Beispiele erhalten.

Im Gegensatz dazu lassen die zur gleichen Zeit errichteten ländlichen Verwaltungsbauten und Wirtschaftsanlagen aufwendigen Baudekor vermissen. Dennoch bleibt aber die Ensemblewirkung unübersehbar, ist allen Gebäuden doch eine sorgfältige bautechnische Ausführung und ausgewogene Proportionierung gemeinsam. Als treffliches Beispiel solcher

Wirtschaftshöfe gilt Göhren/Strelitz, selbst wenn das Herrenhaus als kriegsbedingter Verlust zu beklagen ist. Trotz späterer Eingriffe blieben auch in Dalwitz und Vanselow ähnliche Raumeindrücke gewahrt. Aus diesem Architekturverständnis fallen die leider viel zu wenig beachteten Bristower Wirtschaftsbauten völlig heraus. Hier waren in handwerklich vorzüglicher Ausführung eine Reihe von Gutsbauten entstanden, deren Volutengiebel sich stilistisch recht eng an den Renaissanceformen der 1597 fertig gestellten Dorfkirche orientieren.

Die bunte architektonische Vielfalt der Herrenhäuser in Mecklenburg-Vorpommern wird – so viel lässt sich sagen – ganz entscheidend durch die Formensprache des Historismus geprägt, so dass sich eine Entdeckungsreise zu weniger Bekanntem allemal lohnt. Auf einen der damaligen Architekten sei aber besonders hingewiesen, den Schinkelschüler Friedrich Hitzig. Seine in Mecklenburg-Vorpommern erhaltenen Bauwerke, die Schlösser Bredenfelde (1855), Kartlow (1853–58), Kittendorf (1848–53) und Neetzow (1848–51) gleichen Prismen, in denen sich die Kunstvorstellungen des Historismus beispielhaft brechen. Es sind vielgliedrig gestaffelte, über einem asymmetrischen Grundriss errichtete Anlagen, deren Erscheinungsbild wesentlich durch Türme mitbestimmt wird. Das Anknüpfen an die Romantik mittelalterlicher Burgen und englischer Landsitze bleibt dabei unübersehbar. Ein Eindruck, der durch umfangreiche Parkanlagen, denen in Bredenfelde und Kartlow sogar Entwürfe Lennés zugrunde liegen, nur noch unterstrichen werden konnte.

Neue gestalterische Möglichkeiten ergaben sich erst nach 1890, als die bisherige Bindung an historische Stile aufzubrechen begann. Was das ländliche Bauaufkommen anbelangt, sollten sich nun dem Historismus künstlerische Auffassungen des Jugendstils, Positionen des Heimatstils und gelegentlich Vorstellungen der am norddeutschen Backsteinbau orientierten Reformarchitektur beiordnen. Selbst jene Baugesinnung, die aus Formvorstellungen des "wieder entdeckten" Klassizismus schöpfte, hinterließ baukünstlerische Spuren. Das Neben- und

Miteinander so unterschiedlicher Konzeptionen bereichert das architektonische Gesamtbild der Zeit unmittelbar nach der Jahrhundertwende außerordentlich, wie die Beispiele Klein Kubbelkow (1908) und Libnitz (1912) auf Rügen bzw. Damshagen (1913–14) belegen. 1928 wurde das abgebrannte Herrenhaus Gremmelin wieder errichtet, das trotz seiner Anlehnung an den klassizierenden Vorgängerbau im Detail die Bekanntschaft mit Elementen der gemäßigten "Moderne" nicht verleugnet.

Es sind die Bauten des einst in Mecklenburg und Pommern sehr gefragten Paul Korff, die recht anschaulich damalige Reformbestrebungen im architektonischen Schaffen dokumentieren. Stilistisch aus den Quellen von Jugendstil, purifiziertem Neobarock sowie Heimatstil genährt, entstanden nach seinen Plänen nicht nur eine Reihe so vornehm verhaltener Herrenhäuser wie das zu Hasenwinkel (1911/12), sondern auch eine erstaunliche Anzahl von landwirtschaftlichen Nutzbauten, komplette Gutsanlagen wie in Wendorf/Crivitz (1906) und Badow (1913/14). Bei allen diesen Bauvorhaben wurde auf modernen technischen Komfort sehr viel Wert gelegt, und bei den Wohnbauten fand die zweigeschossige Halle als funktionellem Mittelpunkt des Hauses stets ein besonderes künstlerisches Augenmerk. Den reformerischen Auffassungen gemäß, galten auf die jeweilige Bauaufgabe abgestimmte Garten- und Parkgestaltungen für unverzichtbar und sind deshalb ungemein sorgfältig ausgeführt worden.

Nach dem Ende des Ersten Weltkrieges änderte sich die Auftragslage auch im ländlichen Baugeschehen – Weltwirtschaftskrise und dann die angespannten dreißiger Jahre boten keine Voraussetzungen mehr zur Ausführung von größeren Bauvorhaben. Zum vollständigen Traditionsabbruch führte schließlich der Zweite Weltkrieg, mit dem sich auch die Situation der Schlösser, Herrenhäuser und Gutsanlagen abrupt ändern sollte. Die Landwirtschaft war hier wie überall östlich der innerdeutschen Grenzziehung im Verlauf weniger Jahrzehnte drei tief greifenden Strukturveränderungen unterworfen – so die rigorose Bodenreform von 1945, dann die

Kollektivierung seit 1952 und nun die gravierende Umstrukturierung seit 1990.

Auch die Gutsanlagen erlitten seit 1945 empfindliche Substanzverluste. Wurden sie jüngst noch mit Bauten belegt, die den Ansprüchen an eine industriell betriebene Feld- und Viehwirtschaft genügen mussten, scheint nun eine Weiter- oder Umnutzung von historischen Wirtschaftsbauten unter den Bedingungen moderner Landwirtschaftsmethoden nahezu ausgeschlossen.

Überhaupt entsteht der Eindruck, dass kurzsichtige Vermarktungskampagnen den baulichen und strukturellen Altbestand gefährden, was aber letztlich einem Verlust von charakteristischen Zeugnissen der Landesgeschichte gleichkommt. Desto mehr wiegen also solche Beispiele, wo diese Baudenkmale durch behutsame Nutzungskonzeptionen für die Zukunft bewahrt bleiben: Herrenhäuser, die sich dem sanften Tourismus öffnen, sich nach denkmalgerechter Sanierung zu Wohnzwecken empfehlen oder als Hort der Musen bei Kunstfreunden und Musikliebhabern inzwischen eine Adresse sind und dem dörflichen Siedlungsbild wieder individuelle Akzente verleihen. Das zu erkennen ist eine wichtige Voraussetzung für die Akzeptanz und damit den Umgang mit noch erhaltenen Herrenhäusern und Gutsanlagen, die in ihrer Summe aus Vielzahl und Vielgestalt ein prägendes Element der Kulturlandschaft Mecklenburg-Vorpommern darstellen.

Nichts gedeiht ohne Pflege;
und die vortrefflichsten Dinge
verlieren durch unzweckmäßige
Behandlung ihren Wert.

Peter Joseph Lenné

Ulrichshusen
Befestigter Wohnbau (Erdgeschoss in sauber geschichtetem Feldsteinmauerwerk) mit rundem Treppenturm und Annex mit Terrakottaschmuck aus der Werkstatt des Statius von Düren (in der 2. Hälfte 16. Jahrhundert errichtet).
Ulrichshusen liegt im Herzen der Mecklenburgischen Schweiz. Nach einem Brand 1987 wurde das Haus stilvoll und aufwendig restauriert.

MECKLENBURG – ZWISCHEN OSTSEE UND ELBE

1 Schloss Bothmer bei Klütz

Plüschow

2 Schloss Gadebusch

3 Stadtkirche Gadebusch

Badow

Dreilützow

4 Dorfkirche Vietlübbe

5 Lehsen

Dammereez

Landgestüt Redefin

6 Schloss Ludwigslust

7 Stadtkirche Ludwigslust

Festung Dömitz

8 Neustadt-Glewe

Frauenmark

9 Schloss Schwerin

10 Schweriner Dom

11 Basthorst

Gut Wendorf/Gustävel

Kaarz

Hasenwinkel

12 Wiligrad

Burgwall Michelenburg/Dorf Mecklenburg

13 St. Nikolai in Wismar

14 Klosterkirche Neukloster

15 Klosterkirche Bad Doberan

Hohen Luckow

Gnemern

16 St. Marien in Rostock

Rittergut Bandelstorf

Mecklenburg – zwische
Ostsee und Elb

lungs-
born
Bad
15 Doberan
16 Rostock
Hohen Luckow
Gnemern
Neukloster
Warnow
asenwinkel
Güstrow
Teterow
Kaarz
Wendorf/Gustävel
Malchiner
See
Krakower
See
Warnow
Frauenmark
Passow
Fleese-
see
Kölpinsee
Plauer
See
Elde
Müritz
Parchim

1 SCHLOSS BOTHMER BEI KLÜTZ

Schloss Bothmer (1726–32) zählt zu den Perlen norddeutscher Barockkunst, denn die prächtige Anlage sucht ihresgleichen nicht nur in Mecklenburg. Direkte Vorbilder lassen sich für dieses vielteilige Ensemble nicht benennen; und der oft genannte Verweis auf Blenheim Palace bei Woodstock (1705–25) ist falsch. Unübersehbar deutet aber eine Reihe garten- und landschaftsgestalterischer sowie architektonischer Details auf Anregungen durch niederländische und englische Herrensitze der Zeit um 1700 hin.

Weit reichende Vorgaben des Bauherrn selbst, des Grafen Hans Caspar v. Bothmer (1656–1732), sind nahe liegend. Langjährige diplomatische Missionen hatten den Gesandten v. Bothmer, durch dessen engagiertes Handeln übrigens das Haus Hannover auf den vakant gewordenen britischen Thron gelangt war (1714), an die Höfe zu Den Haag und London geführt. Aber auch Johann Friedrich Künnecke († 1738), dem verantwortlichen Architekten, muss die Baugesinnung seines Auftraggebers geläufig gewesen sein. So entstand unter geschickter Einbeziehung von natürlichen Gegebenheiten ein bewusst inszeniertes Kunstwerk mit dem Schloss als Mittelpunkt. Mit der Bauausführung und Innengestaltung waren namhafte Künstler beauftragt. So dürfte der spätere hannoversche Hofbaumeister Heumann für die meisterlichen Paneele und andere Tischlerarbeiten verantwortlich gewesen sein. Und die italienischen Stuckateure Mogia und Maini haben die bemerkenswerten plastischen Dekorationen geschaffen.

Der Weg, der in annähernder Nord-Süd-Richtung vom Vorwerk Hofzumfelde gen Herrensitz verläuft, stellt zugleich auch die Hauptachse der Anlage dar. Er erschließt bis heute den Zusammenhang von Landschaftsraum sowie Bau- und Gartenkunst. In raffinierter Ausnutzung des natürlichen Bodenprofils eröffnet diese Zufahrt, die übrigens von der berühmten Festonallee flankiert wird, zunächst nur teilweise, dann aber gänzlich den Blick auf den lang gestreckten, rhythmisch gegliederten Gebäudekomplex. Trotz erstaunlicher

Ausmaße – der Ehrenhof erreicht immerhin eine Breite von fast 200 Metern – besticht das Bothmer-Schloss durch seine vornehme Verhaltenheit.

Einen nochmaligen optischen Kontrast bewirkt schließlich das Grabengeviert, mit dem das Schloss und der ursprünglich holländisch geprägte Barockgarten umgeben sind. Die in ihren Strukturen erhaltene, seit 1973 einfühlsam gepflegte Gartenanlage gibt seit Jahren einen festlichen Rahmen für sommerliche Musikfestspiele.

Das Bothmer-Schloss grenzt an das Weichbild von Klütz. Nach diesem Ort bezeichnet sich von alters her der nordwestliche Zipfel Mecklenburgs, der Klützer Winkel. Diese landschaftlich außerordentlich reizvolle Gegend hinter der Ostseeküste bietet Kunstfreunden Erstaunliches zu entdecken. Ohne vom Thema abschweifen zu wollen, sei wenigstens auf ein vorgeschichtliches Denkmal sowie zwei Sakralbauten hingewiesen: Nahe Grevesmühlen, exakt 5 Kilometer östlich der Stadt im ausgedehnten Everstorfer Forst (B 105, Abzweigung Hamberge/Hoikendorf bzw. bei Naschendorf) sind 4500 Jahre alte jungsteinzeitliche Gräberfelder mit sehr beeindruckenden Großsteingräbern zu besichtigen.

Die Klützer Stadtkirche stammt aus der zweiten Hälfte des 13. Jahrhunderts und gilt als typisches Beispiel für die spätromanisch-frühgotische Architektur in Norddeutschland. Von der reichen Innenaustattung seien die Reste des Plattenfußbodens vor dem Altar (Mitte 16. Jahrhundert) und vor allem das gotische Chorgestühl genannt. Vom Schloss-Architekten Künnecke stammt das östlich der Kirche stehende Mausoleum der Familie v. Bothmer.

Im 10 Kilometer westlich von Klütz gelegenen Kalkhorst verdient die ungewöhnlich große Kalkhorster Dorfkirche architekturhistorisches Interesse, eine dreischiffige Stufenhalle aus dem beginnenden 14. Jahrhundert. Unter der, zumeist barocken Ausstattung fällt der reiche Bestand an Gestühlen und Logen auf, die von einstiger Gutsherrschaft künden.

Aus der Reihe nennenswerter Herrenhäuser und Gutsanlagen im Klützer Winkel seien einige Beispiele angeführt, die recht eindrucksvoll das architektonische

SCHLOSS BOTHMER
Eine Perle der norddeutschen Barockbaukunst

Erscheinungsbild dieser Bauaufgabe belegen. In Groß Schwansee – 4 Kilometer nordwestlich von Kalkhorst, schon an der Ostseeküste – blieb der barocke Herrensitz (1745) erhalten. Historisierende Rückgriffe in die Architekturgeschichte kennzeichnen die Herrenhäuser in Bernstorf – schon nicht mehr im Klützer Winkel gelegen, sondern südwestlich von Grevesmühlen – und in den 4 Kilometer südlich von Klütz entfernten Orten Stellshagen und Damshagen. Der in niederländischen Renaissanceformen errichtete Bernstorfer Bau in Bernstorf entstand 1879–82 nach Plänen von Georg Daniel (1829–1913). In hanseatisch-vornehmer Zurückhaltung präsentiert sich das Herrenhaus in Stellshagen, orientiert sich der 1924 von Hans Bach entworfene Landsitz doch stilistisch am Vorbild damaliger Hamburger Villenbauten. Er wäre also durchaus an der Elbchaussee nicht fehl am Platze. In Damshagen (1913–14) wiederum verrät der Säulenportikus das Vorbild klassizistischer Architektur. Als barockes Kleinod verdient das am Nordufer des

Dassower Sees gelegene Schloss Johannstorf besondere Aufmerksamkeit. Dem 1743 nach Entwürfen von Rudolph Matthias Dallin entstandenen, von einem Wassergraben umgebenen Hauptbau ist ein geschlossener Wirtschaftshof mit Torhaus vorgelagert. Diese in Mecklenburg nur selten anzutreffende Raumordnung verweist auf Bauerfahrungen aus dem benachbarten Schleswig-Holstein – ein "Kunstimport" also.

In Kalkhorst selbst, wo schon die Dorfkirche das kulturhistorische Interesse geweckt hat, liegt etwas versteckt am Dorfrand in einem Landschaftspark das einstige Kalkhorster Herrenhaus. Pittoresk, wie ein gotisches Märchenschloss, stellt sich der Bau (1855–57) dar. Türmchen, Giebel, Erker, Galerien und Anbauten verleihen dem vielgliedrigen Backsteinkomplex etwas Romantisches, wobei wohl neben mittelalterlicher Burgenphantastik auch an Englisches gedacht war. Der Landschaftspark birgt eine Vielzahl von exotischen Bäumen.

Die Struktur des um 1830 angelegten Gutshofes in Hof Mummendorf, zu finden neben der B 105 in der Mitte zwischen Dassow und Grevesmühlen, erschließt sich wegen späterer Eingriffe nur dem geübten Auge. Als wirkliche kulturgeschichtliche Rarität blieb eines der heute sehr selten gewordenen Rundhäuser erhalten. Bei Gutsanlagen jener Zeit meist paarig im Bereich der Hofzufahrt angelegt, galten sie der damaligen Agrarwissenschaft als besonders kostengünstige Nutzbauten. Ihre ursprüngliche Verwendung lässt sich nicht immer eindeutig klären, doch scheint in Hof Mummendorf die Nutzung zu Wohnzwecken von vornherein beabsichtigt gewesen zu sein.

Anfahrt

Der Klützer Winkel, der nach dem Örtchen Klütz seinen Namen hat, ist die nordwestliche Ecke des Bundeslandes Mecklenburg-Vorpommern. Die malerische Landschaft stößt im Norden an die Ostsee. Das Ostseebad Boltenhagen, nur 3 Kilometer von Klütz entfernt, ist dann auch das eigentliche, zumindest das touristische Zentrum des Gebietes.

Von Grevesmühlen erreicht man Klütz in den Sommermonaten mit der Traditionsbahn "Kaffeebrenner", die von der Klützer Ostsee-Eisenbahn betrieben wird. Um allerdings die zwar nahe beieinander, aber doch sehr verstreut liegenden Gutshäuser zu besuchen, sollte der architekturgeschichtliche Besucher motorisiert sein. Eine Alternative für Sportliche stellt das Fahrrad dar. Das flache, verkehrsarme Land schreit geradezu danach, mit dem Rad erkundet zu werden. Nicht ohne Grund führt der beliebte Ostsee-Radfernweg mitten durch den Klützer Winkel, wobei er direkt durch Kalkhorst und Johannstorf verläuft. Aber auch im Klützer Winkel gilt die alte Radlerweisheit: Der Wind kommt immer von vorn.

Info

Fremdenverkehrsamt Klütz, Schloßstraße 34, 23948 Klütz, Fon und Fax 03 88 25/ 22 29 5.

Kurverwaltung Ostseebad Boltenhagen, Ostseeallee 34, 23944 Ostseebad Boltenhagen, Fon 03 88 25/ 36 00, Fax 03 88 25/ 36 03 0.

Stadtinformation Grevesmühlen, Rathausplatz 1, 23936 Grevesmühlen, Fon 038 81/ 72 32 22, Fax 0 38 81/ 72 31 11. Grevesmühlen, am Südrand des Klützer Winkels gelegen, bietet sich als Ausgangspunkt für die Erkundung dieser landschaftlich und architekturgeschichtlich reizvollen Gegend an, doch ist der Ort selbst uninteressant.

In Boltenhagen kann man auch bei mehreren Fahrradverleihen ein Rad ausleihen (stunden- oder tageweise). Die Gegend ohne jede Steigung lässt sich bequem erkunden.

Ostseeküste
Von Usedom bis Boltenhagen: die schönsten Strände

Das Übernachtungsangebot konzentriert sich naturgemäß in Boltenhagen. Diverse Pensionen bieten Zimmer an, und viele private Zimmervermieter ergänzen das Angebot. Natürlich gibt es hier auch einen Campingplatz.

Ein Refugium für ökologisch orientierte Gäste stellt das Hotel Gutshaus Stellshagen dar. Zwar wird dort nicht auf

Jutetischdecken serviert, doch legen die Betreiber des vor fünf Jahren nach baubiologischen Gesichtspunkten restaurierten Gutshauses Wert auf vegetarische Speisen aus ökologischem Anbau. Nichts anderes kommt hier auf den Tisch. Eine Naturheilpraxis ist ins Hotel integriert und auch Masseurin und Ernährungsberaterin stehen zu Verfügung. Das ganze Haus ist natürlich zur strikten Nichtraucherzone erklärt. Was versöhnlich stimmt: Es gibt ein umfangreiches Angebot an Bier und Wein, Sherry und Champagner – obgleich natürlich auch alles vom Bio-Brauer und Ökowinzer. Lindenstraße 1, 23948 Stellshagen. Fon 03 88 25/ 4 40, Fax 03 88 25/ 4 43 33.

Tipp

Zwischen Klütz und Kalkhorst bietet der an dem Ort Hohen Schönberg gelegene Aussichtspunkt Hoher Schönberg einen Blick über die Landschaft des Klützer Winkels. Berg und Aussicht sind tatsächlich schön, doch streiten sich Karten und Hinweisschilder darüber, wie hoch der schöne Berg ist; die Angaben schwanken zwischen 89 und 92 Metern.

PLÜSCHOW

Ein Abstecher nach Plüschow bei Grevesmühlen lohnt sich für Architekturhistoriker wie für Kunstfreunde gleichermaßen. Unter den Landschlössern der Klützer Gegend hält der alte Plüschower Herrensitz sein Portal für Besucher weit offen. Als ein 10 Kilometer nordöstlich von Grevesmühlen gelegenes Künstlerhaus bietet er seit 1991 Studienmöglichkeiten in Ateliers und präsentiert Ausstellungen zeitgenössischer Kunst.

Der unverputzt belassene Backsteinbau entstand 1758/63 als Auftragswerk eines später geadelten Hamburger Kaufmanns. Wirtschaftliche Bedrängnis zwang dessen Erben 1802 zum Verkauf an den damaligen mecklenburgischen

Plüschow bei Grevesmühlen
Ein Künstlerhort in Mecklenburg

Hotel Gutshaus Stellshagen
Gesundheits- und Seminarhotel

Erbprinzen Friedrich Ludwig († 1819), bei dessen Nachfahren das Anwesen bis 1945 verblieb.

Die ursprüngliche Raumaufteilung ist weitgehend erhalten. Als innenarchitektonisches Glanzstück verbindet eine reizvolle Treppe die Hauptgeschosse miteinander. Zierliche Rokoko-Stuckdecken sowie klassizistische Öfen vermitteln eine Ahnung davon, wie stimmungsvoll die alten Landsitze einst gewesen sein mögen.

Das Mecklenburgische Künstlerhaus Schloss Plüschow, Am Park 6, 23936 Plüschow, Fon 0 38 41/ 6 17 40, Fax 0 38 41/ 61 74 17, www.plueschow.de, bietet auch Unterkünfte an.

Die von unserem Autor Dieter Pocher ausgewählten kunsthistorisch bedeutenden Häuser tragen eine Nummer. Weitere lohnenswerte Objekte in der Umgebung sind diesem Schloss oder Herrenhaus nachfolgend zugeordnet

2 SCHLOSS GADEBUSCH

Von dem ehemaligen Residenzschloss mecklenburgischer Herzöge steht heute noch das Hauptgebäude mit einem Treppenturm an der Hofseite. Das Bemerkenswerte des Bauwerks stellt der reiche Fassadenschmuck aus Terrakotta dar.

Der im 16. Jahrhundert unter Herzog Johann Albrecht entwickelte Terrakottastil nimmt in der deutschen Architektur eine Sonderstellung ein und tritt in und außerhalb von Mecklenburg nur vereinzelt auf. Stilistisch speist sich diese Varietät aus den Quellen norditalienischer und niederländischer Renaissance. Dabei entsteht ein Dekorationssystem, das in eigentümlicher Weise eine zierliche Schmuckarchitektur mit Elementen des bewegten Floris-Stils verknüpft. Am 1571 nach Plänen von Christoph Haubitz gestalteten Gadebuscher Schloss hat sich jener charakteristische Fassadenschmuck weitgehend erhalten: Portaleinfassungen, Gesimse, Pilaster, Friese mit szenischen Darstellungen oder Porträtmedaillons sind hier zu finden – ganz ähnlich wie in Wismar und Schwerin.

Der behutsam durchgeführten Restauration von 1903 ist neben der Sicherung der Terrakotten vor allem die Rekonstruktion des Lünettengiebels über dem Treppenturm zu verdanken. Es scheint, dass in vielem der Wismarer Fürstenhof für die bescheidenere Gadebuscher Residenz Vorbildfunktion erfüllte.

Erstaunlicherweise – denn die Hofhaltung wurde bereits im 17. Jahrhundert aufgegeben – haben sich im Gebäudeinneren als bemerkenswerte Austattungselemente einige reich gerahmte Terrakotta-Portale erhalten, während das mächtige Eichengebälk noch dem gotischen Vorgängerbau zuzurechnen ist.

Schloss Gadebusch
Fassadenschmuck aus Terrakotta

3 STADTKIRCHE GADEBUSCH

Spätromanische Backsteinkirche

Gemeinsam mit der Dorfkirche des Nachbarortes Vietlübbe zählt sie zu den frühesten und besterhaltensten Zeugnissen norddeutscher Backsteintechnik in Mecklenburg.

Der Kirchenbau wird um 1220 als romanische und nahezu quadratische Hallenkirche begonnen und dann in früh- und spätgotischer Zeit mehrmals verändert bzw. ergänzt. Zu Beginn des 14. Jh. errichtet man den niedrigen Westturm, Anfang des 15. Jh. kommt der Chor hinzu.

Kennzeichnend für die rein romanischen Ursprünge der Kirche sind massive Bündelpfeiler der dreijochigen Halle, Schild- , Gurt- und Scheidbögen

Stadtkirche Gadebusch
Spätromanische Backsteinkirche

in Rundbogenform sowie die Gratgewölbe.

Die Westwand schmückt ein mittelalterliches Radfenster mit bronzenen Speichen – ein besonders seltenes Zeugnis handwerklicher Kunstfertigkeit aus romanischer Zeit.

Von der ursprünglichen Ausmalung – erst in der 2. Hälfte des 20. Jahrhundert wieder freigelegt – sei hier ein Wandgemälde des heiligen Christophorus etwa aus dem Jahre 1360 am Chorpfeiler besonders erwähnt.

Der überaus reichlich bildgeschmückte und von drei Engeln getragene Taufkessel von 1450 ist eines der bemerkenswertesten Kunstschätze seiner Art in Mecklenburg. Aber auch die spätgotische Triumphkreuzgruppe und Grabsteine aus dem 15. Jahrhundert sowie die Kanzel von 1607 dürfen in der Aufzählung wertvoller Ausstattungsstücke nicht fehlen. Des Weiteren finden wir in der Stadtkirche von Gadebusch Reste spätgotischer Glasmalerei und Leuchter aus dem 16. und 17. Jahrhundert.

Standort

Die Kleinstadt Gadebusch liegt an den Bundesstraßen 104 und 208 zwischen Schwerin und Ratzeburg. Unweit des Marktplatzes und im Kern des Ortes steht die Pfarrkirche.

Alle Daten, Tipps und Hinweise in diesem Buch wurden von den Autoren und der Redaktion nach bestem Wissen erstellt und sorgfältig geprüft. Dennoch können wir Fehler durch Änderungen nicht ausschließen. Für Richtigkeit und Vollständigkeit kann der Verlag keine Haftung übernehmen. Bitte informieren Sie sich immer zusätzlich vor Ort über die Möglichkeiten einer Besichtigung, Öffnungszeiten etc.

BADOW

Das alte, wiederholt überformte Herrenhaus im 15 Kilometer südlich von Gadebusch gelegenen Badow erhielt 1903 nach Entwürfen von Paul Korff (1875–1945) seine jetzige Baugestalt in barockisierenden Formen. In seltener Vollständigkeit blieben die Wirtschaftsbauten der einstigen Gutsanlage erhalten, deren Stilistik sich an künstlerischen Positionen des Heimatstils orientiert. Von den malerischen, 1913/14 errichteten Nutzbauten seien insbesondere das einstige Wirtschafts- und Remisengebäude, der Speicher sowie das Versorgungsgebäude für Wasser und Strom hervorgehoben.

Von Badow aus empfiehlt sich ein Abstecher ins benachbarte Perlin. Das einstige Herrenhaus steht zwar lange nicht mehr, doch darf die Gutsanlage deshalb Interesse beanspruchen, weil zum Gesamtensemble das Pfarrhaus zählt. Literaturkenner wissen es: Hier wurde Heinrich Seidel (1842–1906) geboren.

DREILÜTZOW

Noch weiter südlich, nämlich 23 Kilometer südlich von Gadebusch und damit schon bei Wittenburg findet sich die immer noch großartige Gutsanlage von Dreilützow. Das Gut gehörte von 1725 bis 1929 den im europäischen Staatsdienst wiederholt hervorgetretenen Grafen v. Bernstorff. Dominiert wird das barocke Bauensemble durch das stattliche Schloss, eine auf Entwürfen von Paul Heumann fußende Dreiflügelanlage (um 1730), deren Ehrenhof spätere Seitengebäude (eines davon 1759) nochmals aufweiten. Als "Kunstimport" deutet das vorgelagerte Torhaus auf schleswig-holsteinischen Einfluss. Das Schloss und der hiervon abgesetzte Wirtschaftsbereich, die Katenzeile sowie der ausgedehnte, um 1800 überarbeitete Landschaftspark, prägen zusammen mit der gotischen Dorfkirche (frühes 15. Jahrhundert) das Ortsbild bis heute. Literaturfreunde stoßen in Dreilützow auf Klopstocks Spuren. Dass zwischen dem Dichter und einem der Grafen v. Bernstorff freundschaftliche Kontakte bestanden, ist bekannt. Deshalb mag es nicht verwundern, am Schloss auf eine Versinschrift zu stoßen, die dem Poeten zugeschrieben wird.

Anfahrt

Gadebusch liegt auf halber Strecke zwischen Ratzeburg – gerade noch zu Schleswig-Holstein gehörend – und Schwerin. Über die Bundesstraßen 104 und 208 ist die Kleinstadt mit dem Auto schnell zu erreichen. Von Schwerin aus besteht eine Bahnverbindung.

Info

Gadebuscher Heimatmuseum, Schloßberg, 19205 Gadebusch, Fon 0 38 86/ 71 18 64. Gezeigt werden Ausstellungen zur Stadt- und Heimatgeschichte, im Wechsel mit Galerieausstellungen.

Das Herrenhaus in Badow ist heute das Traumziel jugendlicher Pferdenarren, hat sich hier doch unlängst ein so genanntes Ponyschloss etabliert. Ponyschloss Badow, Söhringer Straße 1, 19209 Badow, Fon 03 88 74/ 2 20 02, Fax 03 88 74/ 2 20 04.

Westlich von Gadebusch erstreckt sich der Naturpark Schaalsee mit seiner üppigen Tier- und Pflanzenwelt. In den Rotbuchenwäldern leben Großvogelarten wie Kranich, Seeadler und Roter Milan. Amt für das Biosphärenreservat Schaalsee, Wittenburger Chaussee 13, 19246 Zarrentin, Fon 03 88 51/ 30 200, Fax 03 88 51/ 3 02 20,
E-Mail: SchaalseeBR@t-online.de, www.schaalsee.de

Naturpark Schaalsee

4 DORFKIRCHE VIETLÜBBE

Auch mit der Errichtung der Dorfkirche in Vietlübbe zu Beginn des 13. Jh. hinterließen die Bauleute der Ratzeburger Dombauhütte ein Beispiel ihrer meisterhaften Backsteintechnik. Kein Wunder – gilt doch die Domhütte von Ratzeburg heute als Wiege des norddeutschen Backsteinbaus schlechthin.

In die auf einem kreuzförmig angeordneten Grundriss aufsteigenden Außenwände wurden schönste romanische Backsteinfriese aus gekreuzten Rundbögen und Rauten eingearbeitet. Daneben verweisen zahlreiche Rundbogenfenster und Rundbogenportale ebenfalls auf die romanische Entstehungszeit.

Den östlichen Chorabschluss bildet eine kunstvoll gemauerte halbrunde Apsis (Altarnische). Über dem Westjoch hingegen steht der verbretterte Kirchturm mit seiner eleganten schlanken Spitze.

Auch die kreuzgratgewölbten Decken lassen typische romanische Baukunst erkennen.

Im Kircheninneren befinden sich neben einer Kalksteintaufe aus dem 13. Jh. und der Triumphkreuzgruppe (Ende 15. Jh.) weitere Ausstattungsstücke anno 1865.

Man kann sagen, in Vietlübbe steht nicht nur die älteste, sondern auch die klassische romanische Dorfkirche in Mecklenburg.

Standort

Das kleine Dorf Vietlübbe liegt etwa 20 km nordwestlich der Landeshauptstadt Schwerin und ist vom 5 km entfernten Städtchen Gadebusch (an der B 104) aus bequem über eine gut ausgebaute Landstraße zu erreichen.

DORFKIRCHE VIETLÜBBE
Die klassische romanische Dorfkirche in Mecklenburg

5 LEHSEN

In der Region um Hagenow haben sich eine ganze Reihe von Herrenhäusern ihren gutsherrlichen Charme bewahren können. In Lehsen ist das wahrscheinlich schönste klassizistische Herrenhaus Mecklenburg-Vorpommerns zu bewundern. Der Bau von 1822 entstand nach Entwürfen von Joseph Christian Lillie (1760–1827). Auftraggeber war die Familie v. Laffert.

Der raumgreifende Säulenportikus verleiht dem nicht sehr großen, aber ausgezeichnet proportionierten Gebäude eine ruhig-festliche Würde. Kompositorisch bildete es vormals den Kopfbau eines repräsentativen, von Pappeln umstandenen Hofraumes, von dem der seitlich beigeordnete Wirtschafts bereich abgesetzt war. Der Landschaftspark entstand zu Beginn des 19. Jahrhunderts, offensichtlich unter Einbeziehung älterer, noch barocker Gartenpartien. Zu erwähnen bleibt, dass in

Herrenhaus Lehsen
Wohl das schönste klassizistische Herrenhaus des Landes

Lehsen damals eine weithin bekannte Baumschule betrieben wurde. Sie zog heimische Obstgehölze und überdies exotische Baum- und Straucharten. Durch familiäre Beziehungen gelangte einiges aus diesem Sortiment wohl auch in die Dammereezer Parkanlage.

Auf eine weniger bekannte medizinisch-historische Kuriosität sei noch verwiesen: Die 1847 eröffnete Wasserheilanstalt bedeutete Lehsens kurze Episode als Kurort. Als bauliches Zeugnis blieben die um einen halbrunden Platz gruppierten spätklassizistischen Logier- und Badehäuser erhalten. Es sind Backsteingebäude, die den westlichen Ortsbereich deutlich vom übrigen Dorfbild absetzen. Von hier aus lohnt sich ein kurzer Spaziergang zum Motel-Flüsschen, vielleicht durch die Kastanienallee, vorbei an der Ruine des v. Laffertschen Mausoleums (1868), das über einem frühdeutschen Turmhügel errichtet wurde.

DAMMEREEZ

Das eher unscheinbare, um 1780 errichtete und zuletzt 1864 renovierte Herrenhaus stößt an einen Park, der gartenkünstlerisch und dendrologisch als Kostbarkeit gilt. Es handelt sich um eine Schöpfung der seit Ende des 18. Jahrhunderts hier und in der Umgebung einst begüterten Familie v. Laffert. Unter sorgfältiger Einbeziehung von vorhandenen Gehölzen und Überresten eines mittelalterlichen Turmhügels entstand zwischen 1800 und 1830 ein später vervollständigter englischer Landschaftspark. Mehr als 70 exotische Baumsorten bzw. Varietäten bilden ein dendrologisches Spektrum, das sonstige ländliche Parkanlagen weit übertrifft.

Von Dammereez aus empfehlen sich Abstecher zu den benachbarten Gutsanlagen Düssin und Rodenwalde, die den Charakter bereits industriell ausgerichteter agrarischer Großbetriebe haben. Für die nach 1911 eingreifend modernisierte Düssiner Anlage lieferten die als Gestalter des Hamburger Elbtunnels bekannt gewordenen Architekten Raabe und Wöhlecke die Pläne. Das Ensemble der Funktionsbauten und namentlich der monumentalisierte Kuhstall deuten auf die einstige Nutzungsabsicht als Milch produzierender Agrarbetrieb. Nach Plänen des Architekten Werner Cords entstand 1936/38 der Rodenwalder Großbetrieb. Die durch Funktionalität gekennzeichneten Bauten orientieren sich in ihrem Erscheinungsbild durchaus gekonnt an Tradiertem, so an Elementen des niederdeutschen Bauernhauses und an der Ziegelfachwerk-Bauweise.

LANDGESTÜT REDEFIN

Pferdezucht und Pferderennen haben in Mecklenburg zwar Tradition, doch ihren Höhepunkt fanden sie im anbrechenden 19. Jahrhundert. Nach dem großen Vorbild der englischen Vollblutzucht versuchte man damals gezielt, hochwertige Reit- und Rennpferde zu züchten. Auf den Gütern entstanden private

Gestüte – so in Weitendorf, Zierow, Ivenack, Basedow, Prebberede und Poggelow –, wo erfolgreich und richtungsweisend englische Vollblutpferde in den heimischen Pferdebestand eingekreuzt wurden. Der Schweriner Großherzog Friedrich Franz I. unterstützte diese Bestrebungen, indem er 1819 das heute noch bestehende Redefiner Landgestüt einrichten ließ. Außerdem rief er im Jahre 1822 – die inzwischen wieder belebten – Doberaner Pferderennen ins Leben.

Die reizvolle, parkähnlich eingebettete Anlage in Redefin entstand ab 1819 nach Plänen von Carl Heinrich Wünsch (1780–1855). Ihre ausgereifte klassizistische Formensprache orientiert sich am Leitbild der Berliner Bauschule. Nach Gutshofschema gruppieren sich die symmetrisch gestaffelten Wohn- und Verwaltungsbauten bzw. Stallanlagen um einen länglichen "Paradeplatz". Die einstige, inzwischen modifiziert wieder errichtete Reithalle (Fassade 1820) bildet den Kopfbau. Die Lange Reihe, eine Zeile einfacher Fachwerkbauten, diente den Familien der Gestütsbeschäftigten als Unterkunft.

Tipp

Das Redefiner Gestüt ist tägl. 8.30 bis 12 und 14–16 Uhr zu besichtigen. An drei Wochenenden im September finden die Redefiner Hengstparaden, mit Dressurvorführungen, Quadrillen und Gespannfahrten, statt. Info: Fon 03 88 54/ 62 00.

Unweit von Redefin befindet sich Pritzier, dessen Herrenhaus um 1820/25 nach Lillie-Plänen errichtet wurde. Vorbei am spätklassizistischen Bahnhofsgebäude des Ortes (1846) – einem für die Eisenbahnlinie Berlin-Hamburg typischen technischen Denkmal – führt der Weg über Quassel nach Lübtheen. In Quassel blieb das in gotisierenden Formen errichtete Herrenhaus aus der Mitte des 19. Jahrhunderts erhalten. Architekturfreunden ist die Kleinstadt Lübtheen wegen ihrer klassizistischen Bebauung ein Begriff. Interesse gebührt der Stadtkirche (1817–20) mit ihrer aus dem Zentralbaugedanken abgeleiteten Raumgliederung. Sie zählt zu den wenigen größeren Sakralbauten des Klassizismus in Mecklenburg-Vorpommern.

Redefiner Landgestüt
Auch wegen der Hengstparaden berühmt

Bei den Abstechern von Lehsen aus zu den südlich gelegenen Gutsanlagen gelangt man schon auf das Gebiet des Naturparks Elbetal. Hier bestimmt der Fluss den Charakter der Landschaft – mit Auen und Weiden, mit großen Feuchtgebieten, Mooren und Binnendünen. Wer neben dem architekturgeschichtlichen Interesse auch eines für die Natur hat, der kommt voll auf seine Kosten. Und wieder einmal gilt unsere Empfehlung dem Fahrrad als geeignetsten Verkehrsmittel für Entdecker.

Die Verwaltung des Naturparks befindet sich in 19258 Boizenburg, Em Elbberg 20, Fon 03 88 47/ 503 35, Fax 03 88 47/ 5 03 36.

Anfahrt

Der kleine Ort Lehsen liegt direkt an der Autobahn 24, der "Transit-Autobahn", bei Wittenburg, also nahe der Landesgrenze zu Schleswig-Holstein. Man fährt an der Abfahrt Wittenburg in Richtung Wittenburg, um dann die Autobahn wieder durch die Unterführung zu queren; oder durch

Wittenburg hindurch, um dann bei Waschow die Autobahn auf der Brücke zu überqueren. Nicht zu schnell fahren, die Entfernungen sind alle sehr gering!

Die Orte Dammereez, Redefin, Pritzier, Quassel und Lübtheen liegen alle etwa 20 bis 30 Kilometer südwestlich von Hagenow.

Info

Stadtinformation Hagenow, Kirchenstraße 4, 19230 Hagenow, Fon 0 38 83/ 72 90 96.

Museum der Stadt Hagenow, Lange Straße 79, 19230 Hagenow, Fon 0 38 83/ 72 20 42. Das in einem Fachwerkhaus von 1748 untergebrachte Museum zeigt eine Ausstellung über die Entwicklung von Handwerk und Hauswirtschaft in der typischen Ackerbürgerstadt Hagenow. Interessant ist darüber hinaus die rekonstruierte Gastwirtschaft aus der wilhelminischen Zeit.

Herrenhaus Quassel
Gotisierende Formen, Mitte 19. Jahrhundert

6 SCHLOSS LUDWIGSLUST

Die Geschichte der einstigen Residenz Ludwigslust beginnt 1724. Damals ließ der Schweriner Prinz Christian Ludwig († 1756) in dem Dörfchen Klenow ein Jagdhaus errichten, das von 1731–1735 nach Entwürfen von Johann Friedrich Künnecke zu einem mehrteiligen Schlosskomplex in Fachwerkbauweise erweitert wurde. Etwa gleichzeitig entstanden bereits erste gärtnerische Anlagen. 1754 erfolgte die Umbenennung des Ortes in Klenow in Ludwigslust. Und schließlich wurde die Hofhaltung auf Dauer – das heißt bis 1837 – hierher verlegt.

Der großzügige Ausbau des vormaligen Sommersitzes zur planmäßig angelegten Hauptresidenz des Schweriner Landesteils stand seit 1758 unter der Leitung von Joachim Busch (1720–1802). Den Auftakt bildete ein bis 1760 fertig gestelltes Kanalsystem mit mannigfaltigen Wasserkünsten, das also nicht nur als Transportweg für Baumaterial diente, sondern den Schlosspark um wichtige gestalterische Elemente bereichern sollte. Unter Berücksichtigung von schon Vorhandenem entstanden in streng axialer Ausrichtung und mit der großartigen Kaskade als Kernstück in den Jahren 1764–76 die Wohnbauten von Bassin- und Kirchplatz. Dazwischen vermitteln Alleen die räumliche Korrespondenz.

In den Jahren 1772–76 entstand das Neue Schloss mit der als point de vue aufgefassten Schlosskirche, der heutigen Stadtkirche (1765–70). Tangential stößt an dieses Areal die gleichzeitig angelegte und auf die Schlossfassade bezogene Schlossstraße, die durch kleine Platzräume rhythmisiert ist. Von diesen Achsen ausgehend vollzog sich die spätere städtische Bebauung. Hierbei sollte sich Johann Georg Barca (1781–1826), der Amtsnachfolger von Busch, als genialer Planer erweisen. Bauten, wie beispielsweise das Spritzenhaus (1814) und Erbgroßherzoglicher Marstall (1821), die durch ihre gekonnte klassizistische Formensprache bestechen, belegen Barcas Fähigkeiten als Architekt. In wenigen Jahren war der Ort schließlich zu einem städtebaulichen Kunstwerk geworden, dessen Qualität nicht nur durch eine Fülle von Einzelbauten bestimmt wird, sondern vor allem durch den ihm eigenen harmonischen Ensemble-Charakter besticht.

Stilistisch steht das Ludwigsluster Schloss an der Wende vom Barock zum Klassizismus, was sich insbesondere am Äußeren zeigt. Es ist ein dreigeschossiger, sandsteinverkleideter, über einem E-förmigen Grundriss errichteter Monumentalbau mit Mezzanin und hoher Attika. Die schmalen Seitenflügel ebenso wie der überhöhte Mittelteil sind parkseitig vorgezogen. Auf der Attika stehen zwischen Ziervasen 40 überlebensgroße, von Rudolph Kaplunger gearbeitete Sandstein-Plastiken, die die Personifikationen von Wissenschaften, Künsten und Tugenden darstellen. Die ursprüngliche Raumfolge mit Dekorationen im Rokoko- und Zopfstil ist im Hauptgeschoss noch erhalten und kulminiert im Goldenen Saal. Gegenwärtig werden im Goldenen Saal und achtzehn Zimmern in der Festetage anhand von Möbeln, Gemälden und Büsten höfische Kunst und Wohnkultur des ausgehenden 18. und 19. Jahrhunderts vorgestellt.

Als Kuriosität gebührt hier wie in der Schlosskirche den aus Papiermaché gefertigten Dekorationen und Gebrauchs gegenständen Beachtung. Es sind Produkte der einstigen erfolgreichen Ludwigsluster "Carton-Fabrique".

Nördlich und westlich vom Schloss schließt sich eine weitläufige Parkanlage an. Auf einer Fläche von 150 Hektar verschmelzen Elemente barocker Gartengestaltung mit denen eines Landschaftsparks, um schließlich in ein riesiges Waldgebiet überzugehen. Hauptattraktion bleibt der Große Kanal (1756–1760), eine Wasserachse, die durch Kaskaden, Fontänen und flankierende Gartenszenen künstlerisch aufgewertet wurde. Die jetzige Parkgestaltung geht auf Pläne zurück, die 1852 von Peter Joseph Lenné erarbeitet wurden. Der Park gilt als Meisterwerk seiner Spätphase. Unter den Parkarchitekturen sind folgende Bauten hervorzuheben: die katholische Kirche St. Helena, die 1803–09 in neogotischen Formen nach Ideen von Johann Heinrich v. Seydewitz errichtet wurde, sowie die klassizistischen Mausoleen für die Fürstinnen Helene Paulowna (1804–06) und Luise (1809) nach Entwürfen von Joseph Christian Lillie bzw. Johann Georg Barca.

Schloss Ludwigslust
Außen Sandstein, innen viel Zierrat aus Pappmaché

Schlossplatz Ludwigslust
Wasserspiele

7 STADTKIRCHE LUDWIGSLUST

Barocker Saalbau von 1765

Sie gilt als „Paradiesvogel" unter den norddeutschen Kirchenbauten, die ehemalige Hofkirche und jetzige Stadtkirche Ludwigslust.

Und nicht nur ihr Äußeres passt so gar nicht in unser klischeehaftes Bild einer Kirche – bereits bei der Planung wird hier einmal anders verfahren:

Zuerst gibt der Herzog Friedrich der Fromme von Mecklenburg-Schwerin die Kirche in Auftrag, erst dann folgt das Schloss, scheinbar passend zur Kirche.

Verbunden durch eine Mittelachse stehen sich beide Gebäude gegenüber, als würden sie sich belauern, durch den weiträumigen Schlossvorplatz und eine großzügig angelegte Parkanlage voneinander getrennt. Baumeister Johann Joachim Busch

STADTKIRCHE LUDWIGSLUST
Der Paradiesvogel unter den norddeutschen Kirchenbauten

STADTKIRCHE LUDWIGSLUST
Tempelartiger Kirchenbau mit vorgelagerten Säulen

errichtet den tempelartigen Kirchenbau mit triumphtorartig vorgelagerten Säulen in den Jahren 1765 – 1770 in barockem Stil, der jedoch bereits Positionen des Klassizismus erahnen lässt. Auf den Säulen ruht eine breite und mit Figuren geschmückte Attika, darüber als oberer Kirchenabschluss das Christogramm.

Um 1792 baut J. J. Busch ca. 300 m östlich der Kirche die beiden Glockentürme als festungsartiges Torgebäude, das zugleich als Friedhofsportal dient.

Auch im Inneren der als Saalbau konzipierten Kirche bestimmen gewaltige Säulenreihen das architektonische Bild. Eine großzügige Freitreppe führt zu dem überaus kunstvoll ausgemalten Prospekt des Altarraumes. Zusammen mit den kassettenartigen

Ausmalungen der Tonnenwölbung entsteht hier in den Jahren 1772–1803 auf über 1000 Einzeltafeln aus Pappmaché der Meister Dietrich Findorff und Johann Heinrich Suhrland ein einmaliges Kunstwerk.

Ein Muss für den interessierten Besucher: Altar und Kanzel sind Werke des späten Barocks. Die überaus schmuckvollen Altarleuchter und die Dekoration der Fürstenloge wurden aus Pappmaché gefertigt.

Im Mittelgang der Kirche hat ihr Bauherr, Herzog Friedrich von Mecklenburg-Schwerin, seine letzte Ruhestätte gefunden – in einem Sarkophag aus geschliffenen Granitplatten.

Anfahrt

Ludwigslust liegt 40 Kilometer südlich der Landeshauptstadt Schwerin. Von der Autobahn 24 (Abfahrt Ludwigslust oder auch Neustadt-Glewe) sind es etwa 10 Kilometer. Auch die Bundesstraßen 5, 106 und 191 erschließen die Stadt. In das Fern- und Regionalbahn-Netz ist Ludwigslust gut eingebunden.

Info

Ludwigslust-Information, Schloßstr. 36, Fon 0 38 74/ 52 62 51, Fax 0 38 74/ 5 26 21 09.

Fremdenverkehrsverband Schweriner Land/ Westmecklenburg, Alexandrinenplatz 5–7, 19288 Ludwigslust, Fon 0 38 74/ 66 69 22, Fax 0 38 74/66 69 20.

Museum Schloss Ludwigslust, Schloßfreiheit, 19288 Ludwigslust, Fon und Fax 0 38 74/ 2 81 14, www.museum-schwerin.de. In den historischen Räumen wird Kunst des 18. und frühen 19. Jahrhunderts gezeigt sowie Büsten und Kunstmöbel der Pappmaché-Manufaktur Ludwigslust.

Tipp

Fürstlich speisen kann der anspruchtsvolle Gast im stilvoll renovierten Gästehaus der Herzöge von Mecklenburg. Das Restaurant im Landhotel de Weimar, Schloßstraße 15, 19288 Ludwigslust, Fon 0 38 74/ 41 80, nennt sich dann auch Restaurant Ambiente und bietet verfeinerte Regionalküche, wobei auf frische Produkte aus der Umgebung zurückgegriffen wird.

Unter Kennern ist Ludwigslust längst kein Geheimtipp mehr, insbesondere das "Kleine Fest im Großen Park" – eine Mischung aus Garten- und Bühnenkunst: Gaukler, Artisten, Pantomimen, Musikgruppen und Ensembles begeistern an einem Sommer-Wochenende jeweils abends (meist im August) Tausende von Menschen. Rechtzeitig Karten besorgen (Ludwigslust-Information). Fragen Sie auch nach dem Barock-Fest Ende Mai!

FESTUNG DÖMITZ

Am Ufer der Elbe, immerhin mehr als 30 Kilometer südwestlich von Ludwigslust, über die B 191 gut zu erreichen, liegt die Festung Dömitz. Ein Abstecher dorthin ist allemal lohnend. Schließlich gilt die nahezu unverändert erhaltene Renaissance-Befestigung zumindest in Norddeutschland als ausgesprochene Rarität. Sie entstand 1558–65 nach Plänen des Italieners Francesco a Bornau auf den Resten einer frühmittelalterlichen Burg. Die über einem regelmäßigen Fünfeck angelegten Wälle, Bastionen und Kasematten gewähren einen Einblick in das Verteidigungssystem einer Flachlandfestung.

Den Zugang zu der Befestigung ziert noch immer das aufwendige Portal aus dem Jahre 1565. Die Kurtinen, die Hauptwälle der Festung, entstanden nach 1620 unter Ghert Evert Piloot. Zeitgleich lieferte er auch Entwürfe für die seit dem 30-jährigen Krieg untergegangene Festung Kirchdorf auf der Insel Poel. Letzte Modernisierungen an der Dömitzer Anlage wurden im 18./19. Jahrhundert vorgenommen. Aus der Erbauungszeit der Festung stammt noch das dreigeschossige Kommandantenhaus mit dem Festungsturm. Es beherbergt heute das Heimatmuseum der Stadt Dömitz mit Exponaten zur Geschichte der Stadt und der Festung.

Freunden niederdeutscher Dichtung ist die Festung aus Fritz Reuters autobiographischer Erzählung "Ut mine Festungstid" ein Begriff. Eine Gedenkhalle für Fritz Reuter erinnert an die letzte Etappe seiner mehrjährigen Festungshaft, die der "Demagoge" hier 1839–40 zubringen musste.

Dömitz-Information, Rathausplatz 1, 19301 Dömitz, Fon 03 87 58/ 2 21 12.

8 NEUSTADT-GLEWE

Nördlich von Ludwigslust erstreckt sich ein wildreiches Feuchtgebiet, die Lewitz, als deren Tor seit alters her Neustadt-Glewe gilt. Gleich zwei bedeutende Schlösser – beides vormalige Residenzen – zeugen bis heute von der Bedeutung der Stadt.

Der seit dem Mittelalter gebräuchliche Doppelname Neustadt-Glewe erklärt sich aus der Verschmelzung der Slawensiedlung Glewe mit dem 1248 gegründeten Neustadt zu einem befestigten Ort. Die geschützte Lage an der schiffbaren Elde sowie das reichliche Vorkommen von so genanntem Raseneisenerz, direkt unter der Erdoberfläche liegendem und daher leicht abzubauendem Eisenerz, verliehen der Stadt seit Anfang des 16. Jahrhunderts wirtschaftliche Bedeutung. Spätestens nach dem verheerenden Brand von 1728 aber galt sie als erloschen. Die erhaltene Fachwerkbebauung im Altstadtbereich stammt aus der Wiederaufbauphase. Kunstfreunde sollten die unscheinbare Kirche besichtigen. Sie birgt eine prächtige hölzerne Kanzel (1587), ein Werk des Lübecker Schnitzers Tönnies Evers.

Den eigentlichen Erlebniswert stellen in Neustadt-Glewe aber die beiden vormaligen Residenzen der mecklenburgischen Herzöge dar. Musealer Nutzung ist die Alte Burg zugeführt, eine der besterhaltenen mittelalterlichen Burgen des Landes. Auf einem erhöhten, zur Elde vorgeschobenen Landstück errichtet, deuten der regelmäßige Grundriss, der Verzicht auf ein Torhaus sowie die Lage des Bergfrieds trotz späterer Umbauten auf eine Bauzeit im mittleren 14. Jahrhundert hin. So malerische Baudetails wie die Vorhangfenster und Ziegelfriese am Obergeschoss des Bergfrieds sowie die zinnenbekrönte Ringmauer mit Wehrgang und Schießscharten datieren natürlich aus dem späten Mittelalter.

Im 18. Jahrhundert wurde der alte Fürstensitz zu gunsten des Neuen Schlosses aufgegeben. Dieses Bauwerk war bereits 1618/19 nach Plänen von Ghert Evert Piloot in Angriff genom-

Burg Neustadt-Glewe
Eine frühe Nebenresidenz der mecklenburgischen Herzöge

men worden, ohne je über die Rohbauphase hinausgekommen zu sein. Die zunehmende Verwicklung Mecklenburgs in den 30-jährigen Krieg brachte die Bauarbeiten 1622 schließlich zum Erliegen. Im Jahre 1710 wurde die Fertigstellung des Gebäudes nach Plänen von Jacob Reutz († 1710) in Angriff genommen und bis 1717 unter der Leitung von Leonhard Christoph Sturm (1669–1719) vollendet. Die kostbaren Stuckaturen (um 1715) stammen von den Italienern Mogia und Maini. Das Neue Schloss, eine streng symmetrische Dreiflügelanlage mit kleinem Ehrenhof, gilt in der Baugeschichte des Landes als wichtiges Beispiel für den niederländisch-französischen Einfluss im Barock. Seit 1735 zweckentfremdet und zudem gefährdet durch Schäden an der Pfahlgründung, galt das Bauwerk schließlich als verloren. Nach sehr aufwendigen Restaurationsarbeiten wird das Schloss heute gastronomisch genutzt.

Anfahrt

Neustadt-Glewe liegt direkt an der A 24, 10 Kilometer nördöstlich von Ludwigslust.

Info

Grand Hotel Mercure Schloss Neustadt-Glewe, Schlossfreiheit 1, 19306 Neustadt-Glewe, Fon 03 87 57/53 20. Fax 03 87 57/5 32 99.

Ludwigslust-Information, Fon 0 38 74/ 52 62 45, Fax 0 38 74/ 5 26 21 09.

Tipp

Das Gewässer, das direkt an der Alten Burg und am Neuen Schloss vorbeiführt, ist die Müritz-Elde-Wasserstraße, ein durchgehender Wasserweg, der die Müritz mit der Elbe verbindet. Er benutzt dabei zum Teil den Flusslauf der Elde, zum Teil künstlich geschaffene Wasserläufe und führt über mehrere Seen. Die Müritz-Elde-Wasserstraße ist ein sehr beliebtes Kanurevier, das die Möglichkeit zu weiträumigen Wanderfahrten bietet. Wer also sowohl Wasserwanderer als auch Architekturbegeisterter ist, der findet in Mecklenburg-Vorpommern die besten Voraussetzungen, beide Interessen miteinander zu verbinden. Die Müritz-Elde-Wasserstraße etwa erschließt solche baugeschichtlichen Ereignisse wie Dömitz, Eldena, Neustadt-Glewe, Parchim, mit kurzen Abstechern vom Plauer See aus auch Karow und Stuer, sowie Malchow, Klink und Ludorf. Ein Abstecher in den Müritz-Havel-Kanal erschließt Mirow, und wer auf der Strecke zwischen Parchim und Neustadt-Glewe in die Störwasserstraße einbiegt, der gelangt bei Schwerin in den Schweriner See und kann dort noch eine Ehrenrunde um die Schlossinsel paddeln.

Auf der anderen Seite der Autobahn, 10 Kilometer nördlich von Neustadt-Glewe, liegt mitten in der Lewitz das Dorf Friedrichsmoor. Das heutige Naturschutzgebiet Lewitz war früher ein beliebtes Jagdrevier. Um 1790 ließ Herzog Friedrich Franz I. hier ein kleines Jagdschloss errichten. Die aus einem

Haupthaus und zwei um einen Hof angeordneten Fachwerkbauten bestehende Anlage ist vor allem berühmt durch die französische Jagdszenen zeigende Bildtapete. Sie ist leider zur Zeit in der Alten Burg Neustadt-Glewe eingelagert.

FRAUENMARK

Der Reisende, der die großen Mecklenburger Residenzschlösser in Ludwigslust, Güstrow oder Schwerin besuchen will, findet innerhalb der sanften Landschaft ein individuelles Kleinod: Schloss Frauenmark.

1837 wurde das Gut von der Familie von der Sode direkt vom Großherzog Friedrich Franz erworben und 1860 mit einem schlossartigen Neubau im Stil des ausgehenden Klassizismus geschmückt. Die Gliederung der Fassade macht den Verlust des Stuckdekors (nach einem Dachstuhlbrand Anfang der 1950er-Jahre) erträglich.

Schloss Frauenmark bietet heute ein Ambiente der besonderen Art. Die Eingangshalle mit dem raumhohen Sandsteinkamin, der exotisch anmutende Tee-Salon, der Tee-Shop, die Gäste-Bibliothek, die Diner-Suite, die Galerie mit wechselnden Bilderausstellungen und der Festsaal bilden den Rahmen für sechs schöne Gästezimmer und Suiten. Die Einrichtung des Hauses enthält typisch britische Elemente. Ein kleiner Einzelhandel für Wohn-Dekor ist angeschlossen.

Info

Hotel Schloss Frauenmark,
19374 Frauenmark. Fon 0 387 23/8 01 71/70.

Tipp

Die spätromanische Dorfkirche entstand um 1230. Stilistisch besticht dieser Feldsteinbau durch seine Einheitlichkeit. Frühgotische Wandmalereien und Schnitzaltar aus dem 15. Jahrhundert.

9 SCHLOSS SCHWERIN

Wahrzeichen von Schwerin und eines der bedeutendsten Baudenkmäler des Historismus in Deutschland ist das ehemalige Residenzschloss, malerisch auf einer Insel im Schweriner See gelegen.

An die zwischen 1843 bis 1857 vorgenommene Gestaltung – oder vielleicht besser Um- oder Neugestaltung – dieses Fürstensitzes war von vornherein der hohe Anspruch geknüpft, mit architektonischen Mitteln ein Monument der Erinnerung zu formen, das vom Fortwähren historischer Kontinuität kündet. So gedeutet, wird letztlich auch die gezielte Auswahl bestimmter stilistischer Elemente verständlich.

Die Ursprünge der jetzigen Anlage gehen auf eine bereits 1018 erwähnte slawische Burg zurück.

Über Jahrhunderte hinweg mehrfach überbaut, war hieraus schließlich ein unregelmäßiger Gebäudekomplex von fünf Flügeln entstanden, dessen architektonisches Erscheinungsbild die Renaissance-Trakte des 16. und 17. Jahrhunderts prägten.

Die seit 1843 vorangetriebene Überarbeitung hatte sich an der aus italienischen, niederländischen und deutschen Quellen gespeisten Stilistik zu orientieren. Zudem durch das Vorbild der Loire-Schlösser angeregt, entstand ein das Stadtbild prägender Monumentalbau, gewissermaßen in Fortführung lokaler, nationaler und europäischer Bautraditionen. Im architektonischen Zusammenspiel mit ausgewählten Dekorationsstücken – so der donjonähnliche Hauptturm, das neogotische Chorpolygon der Schlosskapelle sowie der stadtseitige Portalflügel – einer Synthese von Triumphtor und Ruhmeshalle – zeigt sich eine Programmatik, die den romantischen Vorstellungen des 19. Jahrhunderts von einer Fürstenresidenz entspricht. Unter dieser Voraussetzung entstand nach Plänen von Georg Adolph Demmler (1804–1886), Hermann Willebrand (1816–1899) und Friedrich August Stüler ein Kunstwerk von seltener Geschlossenheit, das zu den großartigen Leistungen des Historismus zählt. Das Zusammenspiel der eigentlichen Schloss-

Architektur mit der prächtigen Innenausstattung und den kunstvollen Grünanlagen von Burggarten und Schlosspark vervollständigt dieses Bild.

Zwischen Stadt und Schlossinsel vermittelt die festlich dekorierte vordere Schlossbrücke. Streng axial führt sie auf den plastisch bewegten Portalbau. Elemente wie die vorgelegte Kolonnade und die beiden Rundtürme, der reiche Figurenschmuck, die monumentale Niklothalle – eine offene Bogenhalle mit dem überlebensgroßen Reiterstandbild des Obotritenfürsten Niklot, den das mecklenburgische Herrschergeschlecht als seinen Stammvater verehrt – und die bekrönende Prunkkuppel werten die Fassadenfront nachdrücklich auf. Hieran schließt sich ein nach Norden gerichteter Flügel von ebenfalls differenzierter Fassadengestaltung an. Seine von einem Türmchen mit Zwiebelhaube flankierte Ostpartie birgt die Schlosskirche, die 1560–63 nach den nur wenig älteren Vorbildern in Torgau und Dresden entstand. 1855 wurde ihr das filigran wirkende neogotische Chorpolygon angefügt. An die Schlosskirche schließt sich der terrakottageschmückte Bau des Neuen Langen Hauses von 1553–55 an. Im 19. Jahrhundert ebenfalls überarbeitet, erfuhr dieser Flügel insbesondere durch das Einfügen des donjonartigen Hauptturms gestalterische Akzentuierung. Hieran reiht sich das Bischofshaus, der baugeschichtlich älteste Teil des Schlosskomplexes. Auch dieser Trakt war im 16. bzw. 19. Jahrhundert eingreifenden Veränderungen unterworfen worden. Das nächstfolgende, in Formen der niederländischen Spätrenaissance errichtete Haus über der Schlossküche greift, wenngleich wesentlich differenzierter, auf alte Pläne von Ghert Evert Piloot († 1629) zurück. Denn zwischen 1635 und 1643 waren dieser Flügel und das Haus über der Schlosskirche (Ostpartie der Nordfassade) nach Plänen jenes Architekten aufgestockt worden.

Die dem Schlossgarten zugewandte Südfassade sowie die Front zum Burgsee sind Neuschöpfungen des 19. Jahrhunderts. Die Schlossfront zum Burgsee zeigt die Neorenaissanceformen dieser Zeit mit einem Mittelrisalit, der durch einen halbrunden Sandsteingiebel abgeschlossen wird. Senkrechte Pilaster und waagerechte Gurtbänder tragen glasierte braune Schmuckelemente in symmetrischen Formen. Hinter dieser Fassade hat im

Schloss Schwerin
Märchenhaft, anmutig und filigran: das "Neuschwanstein des Nordens"

Burgseeflügel seit 1990 der Landtag von Mecklenburg-Vorpommern seinen repräsentativen Sitz.

Trotz des verheerenden Brandschadens von 1913 haben sich im Schweriner Schloss Raumfluchten von atemberaubender Pracht erhalten, die heute mit dem Anspruch auf historische Authentizität als Museum der Öffentlichkeit zugänglich sind. Von der prunkvollen Innenarchitektur vermitteln Thronsaal, Ahnengalerie und Speisezimmer eine gute Vorstellung: künstlerisch aufwendige Wanddekorationen wetteifern mit reich gestalteten Raumdecken und kunstvollen Parkettfußböden.

Ein Ende der seit Jahren laufenden Restaurierung des Schweriner Schlosses ist immer noch nicht abzusehen. Schließlich werden hohe Qualitätsansprüche bei Planung und Ausführung der Baumaßnahmen gestellt. Zu sanieren sind in elf Geschossen 635 Räume sowie die Dach- und Fassadenflächen. Eine besondere technische Herausforderung ist die Nachbesserung der alten Holzpfahlgründungen.

Der besondere Reiz des Schweriner Schlosses liegt in dem Zusammenspiel von Architektur, Gartenkunst und natürlicher Landschaft. Im Burggarten, der 1843–57 auf dem Inselterrain Theodor Klett (1808–1882) angelegt wurde, sind Pläne Lennés und Anregungen von Semper und Stüler verarbeitet. Die künstliche Grotte (1852), insbesondere aber der für Norddeutschland einmalige Orangerietrakt sind die Herzstücke dieses Parkteils.

Stadt Schwerin
Blick von der Schlossinsel
auf die Altstadt

Schloss Schwerin
Sehenswerte Baudetails

Der auf der Schlossinsel gelegene Burggarten ist nach der 2001 abgeschlossenen Restaurierung, die insbesondere den Orangerie-Bereich betraf, wieder in alter Schönheit erlebbar. Über eine Drehbrücke ist der Burggarten mit dem Schlossgarten verknüpft. Das Zentrum der Anlage bildet ein Kanal in Form eines Kreuzes, an dem 16 Sandsteinplastiken – Darstellungen antiker Götter und Allegorien der vier Jahreszeiten – aus der Werkstatt Balthasar Permosers aufgestellt wurden. Allerdings stehen hier heute statt der um 1720 entstandenen Stücke Kopien aus den 1950er-Jahren. Ab 1835 entstand östlich des Barockgartens nach Ideen von Peter Joseph Lenné unter dem Hofgärtner Klett der so genannte Grüngarten im Stil englischer Landschaftsparks. Ursprünglich gehörte dieses Gelände zum "Green house", dem herzoglichen Sommersitz. Der Schlossgarten, von Kennern als eine der gelungensten Parkschöpfungen Norddeutschlands gepriesen, verliert sich fast unmerklich in der freien Landschaft und bietet sich schon deshalb als idealer Ausgangspunkt für weitere Spaziergänge am Ufer des Schweriner Sees an.

10 SCHWERINER DOM – ST. MARIEN UND JOHANNES EVANGELISTIA

Die Mecklenburger Kathedrale

Bereits 1154 ist in Schwerin eine Kirche für eine christliche Gemeinde beurkundet. Herzog Heinrich der Löwe führte 1160 in Westmecklenburg das Christentum ein. Auf seine Anordnung hin begann man mit den Vorbereitungen zum Bau eines Domes.

Der um 1220 begonnene Bau wird am 14. Juni 1248 geweiht. Hiervon ist nur noch das zugemauerte Portal, die Paradiespforte, erhalten.

Bereits um das Jahr 1270 beginnt schrittweise der vollständige Neubau des gotischen Domes, der 1422 fertiggestellt ist. Die Errichtung des neogotischen Turmes nach Plänen von Georg Daniel vollendet in den Jahren 1889–92 diese 100 m lange gotische Backsteinkirche. Der Turm ist 117,5 m hoch.

Bauliche Kennzeichen: Dreischiffige Basilika mit dreischiffigem Querhaus und vierjochigem Langhaus, einem vorgelagerten Westturm, einem Chor mit 5/8 -Abschluss einschließlich Umgang und Kapellenkranz, einem einheitlichen äußeren Erscheinungsbild durch den umlaufend vorgeblendeten Granitsockel und vor allem der rhythmischen Anordnung von Strebepfeilern und Spitzbogenfenstern.

Im Inneren der Kirche finden sich neben dem Hauptaltar von 1495 weitere bedeutende sakrale Kunstwerke, beispielsweise die zwei Grabplatten von Bülow mit den Doppelbildnissen in Messingschnitt aus dem 14. Jh. und die Grabtafel der Herzogin Helena aus der Nürnberger Vischer-Werkstatt von 1527. Um 1597 schuf Robert Coppens aus Antwerpen das Freigrab für den Herzog Christoph und seine Gemahlin Elisabeth von Schweden.

Schweriner Dom
Die mecklenburgische Hauptkirche des Mittelalters

Errichtet nach dem Schema der klassischen französischen Kathedrale ist der Schweriner Dom sozusagen "eine Schwester" der Klosterkirche von Bad Doberan und "die" mecklenburger Hauptkirche des Mittelalters. Gleichzeitig finden wir in Schwerin den einzigen echten Dom des Landes Mecklenburg. Seit 1922 ist Schwerin Sitz des evnagelisch-lutherischen Landesbischofs.

Standort

Der Schweriner Dom steht inmitten der Altstadt, unmittelbar am nördlichen Rande des Marktplatzes und nur wenige Schritte vom Pfaffenteich entfernt. Vom Bahnhof aus sind es etwa 5 Minuten Fußweg.

Anfahrt

Schwerin, die Landeshauptstadt Mecklenburg-Vorpommerns, ist an das Intercity-Netz der Bahn angeschlossen und ist von überall her auf dem Schienenweg leicht zu erreichen – ganz im Gegensatz zu den übrigen Städten des Landes. Vom Bahnhof aus kommt der Besucher zu Fuß auf dem Weg durch die schöne Altstadt zum Schloss.

Autofahrer kommen über die Autobahn 241 nach Schwerin, außerdem kreuzen sich in der Stadt die Bundesstraßen 104, 106 und 321.

Info

Schwerin-Information, Am Markt 10, 19055 Schwerin, Fon 03 85/ 59 25 20, Fax 03 85/ 56 27 39. Die Zimmerreservierung ist unter den Nummern 0385/ 5 92 52 -12/-13/-14 zu erreichen. Neben diversen Hotels und Pensionen in der Stadt bieten besonders Ferienwohnungen und Privatzimmer in der Umgebung gute Übernachtungsmöglichkeiten.

Schlossmuseum, Lennéstraße 1, 19053 Schwerin, Fon 03 85/ 5 25 29 20, www.museum-schwerin.de. Prunkräume und Kunstsammlungen der Fest- und Beletage, eine Ausstellung von Porzellan aus Meissen und anderen Manufakturen sowie Gemälde und Kunsthandwerk des 18.–20. Jahrhunderts.

Staatliches Museum Schwerin, Alter Garten 3, 19055 Schwerin, Fon 03 85/ 5 95 80, Fax 03 85/ 56 30 90, Niederländische und flämische Malerei und Plastik des 18. bis 20. Jahrhunderts, Kunsthandwerk, Kupferstichkabinett. Ständig Sonderausstellungen.

Über weitere interessante Museen – etwa die Häuser des Historischen Museums, des Freilichtmuseums Mueß sowie das Technische Landesmuseum – informiert die Schwerin-Information.

Tipp

Schwerin ist reich an Architekturdenkmalen verschiedener Epochen. Auf älterer Grundlage entstand um 1170 der Dom. Die Schelfkirche (1708–11) gilt als bemerkenswerter barocker Zentralbau. Und der Paulskirche (1862–69) gebührt als bedeutendem neogotischen Backsteinbau ebenfalls Aufmerksamkeit. Das Neue Gebäude (1783–85) entstand nach Plänen von Johann Joachim Busch und war ursprünglich als Kaufhaus konzipiert. Bemerkenswert sind ferner die von Demmler entworfenen Bauten am Pfaffenteich. Zahlreiche Palaisbauten belegen Schwerins lange Geschichte als Residenzstadt.

Im nordwestlich gelegenen Stadtteil Friedrichsthal, direkt an der B 104 in Richtung Gadebusch, steht das ehemalige herzogliche Jagdschloss Friedrichsthal. Im Jahre 1798 wurde es von Johann Heinrich v. Seydewitz für Friedrich Franz I. errichtet. Eine landschaftsgärtnerische Besonderheit stellt die gleichzeitig mit dem Schlossbau angepflanzte Lärchenallee dar, die auf das zweigeschossige, von einstöckigen Kavaliershäusern flankierte Fachwerkgebäude hinführt. Von der Innenstadt aus fährt man zu diesem wenig beachteten Architekturdenkmal mit der Buslinie 17 bis zur Endhaltestelle Friedrichsthal.

Das unmittelbar am Südufer vom Schweriner See gelegene Raben Steinfeld ist so etwas wie ein architekturhistorischer Geheimtipp: Mitte des 19. Jahrhunderts entstand hier nach Plänen von Demmler und Willebrand ein Dorf-Ensemble, dessen Stilistik Anregungen aus der englischen Baukunst zeigt. Die Buslinie 6 (Haltestelle Raben Steinfeld) führt zu diesem direkt an der Autobahnauffahrt liegenden Vorort von Schwerin.

Die Schönheit Schwerins und seiner Umgebung erschließt sich aber nicht nur zu Lande. Besonders zu Wasser bietet sich ein herrlicher Blick auf die Residenz. Nutzen Sie daher unbedingt die unterschiedlichen Angebote der Weißen Flotte Schwerin; alle Liniendienste und verschiedenen Seenrundfahrten starten am Anleger in der Schlossbucht, Werderstraße 99, 19055 Schwerin, Fon 03 85/ 55 77 70, Fax 03 85/ 5 57 77 11.

Zu Lande, zu Wasser und – ja, tatsächlich auch aus der Luft lässt sich Schwerin entdecken. Das g.e.o. ballooning,

Marienplatz 1, 19053 Schwerin, Fon 03 85/ 5 55 78 73, Fax 0385/ 5 55 78 74 steht Halteleine bei Fuß. Eine Alternative für Ängstliche: der Fernsehturm, 1964 vor den Toren der Stadt errichtet, heute inmitten des Wohngebiets Großer Dreesch. Der 138 Meter hohe Bau bietet von dem Café in 97 Meter Höhe aus einen weiten Rundblick über das Land der Seen und Wälder. Die Straßenbahnlinien 1, 2 und 3 sowie die Buslinien 16 und 20 führen dorthin (Haltestelle Am Fernsehturm).

Für Schwerin-Besucher, die auch bei der Unterkunft Wert auf architekturgeschichtlichen Anspruch legen, empfiehlt sich das Hotel Arte, Dorfstraße 6, 19061 Schwerin-Krebsfördern, Fon 03 85/ 6 34 50, Fax 03 85/ 6 34 51 00. Hier wohnt man in einem aufwendig restaurierten, historischen Bauernhaus. Auch das Restaurant mit gehobener Regionalküche lohnt einen Besuch.

SCHLOSS SCHWERIN
Gartensituation

11 BASTHORST

Am Glambecksee, abseits der großen Straßen gelegen, gilt das kleine Schloss Basthorst als Insider-Adresse. Das malerische, von einem Landschaftspark umschlungene Gebäudeensemble lohnt für Freunde historischer Gutsanlagen auf jeden Fall einen Besuch – wie auch noch weitere kleine Orte, die in der ländlichen Gegend zwischen Basthorst und der Kleinstadt Sternberg weitgehend ihren ursprünglichen Charakter bewahrt haben.

Das Gebäudeensemble in Basthorst geht auf das 1824 zusammen mit der Gutsanlage errichtete Herrenhaus zurück. Es handelt sich hierbei um einen zurückhaltend gegliederten, unverputzten, also backsteinsichtig belassenen klassizistischen Bau. An diesen Kern fügen sich die späteren Erweiterungen aus der Zeit nach 1900 an. Ihre kraftvolle, materialbetonte, aus traditioneller handwerklicher Bautechnik entwickelte Formensprache lässt künstlerische Positionen der Reformarchitektur erkennen, die sich am Backsteinbau orientierte. Unter den Innenräumen besticht die holzgetäfelte Bibliothek als stimmig-feines Jugendstilkleinod.

Unweit von Basthorst haben sich zwei Gutsanlagen erhalten, die völlig zu Unrecht kaum bekannt sind: Wendorf/Crivitz und Gustävel.

BASTHORST
Backsteinsichtig belassener klassizistischer Bau

GUT WENDORF/GUSTÄVEL

Das Gut Wendorf, 4 Kilometer nördlich von Basthorst, zählt zu den wenigen agrarischen Großbetrieben, die noch zu Beginn des 20. Jahrhunderts völlig neu projektiert wurden. Das Gutsensemble entstand 1905–07 nach Entwürfen von Paul Korff. Um das Herrenhaus, einen traditionell anmutenden Baukörper mit Anklängen an den "Burgenstil", gruppieren sich – teils unter geschickter Ausnutzung natürlicher Gegebenheiten – umfangreiche Wohn-, Verwaltungs- und Wirtschaftsbauten. Die technische Ausrüstung entsprach damals modernstem Standard. Die Architektur aller Nebengebäude ist den reformerischen Ideen des Heimatstils verpflichtet. Der in großen Zügen erhaltene Park wurde durch den Düsseldorfer Gartenarchitekten Richard Hoemann angelegt.

Weitere 4 Kilometer nördlich, in Gustävel fällt das barocke Herrenhaus (1756) mit später stumpfwinklig angesetzten Flügelbauten auf, eine in Mecklenburg-Vorpommern selten anzutreffende Baugestalt. Aber die eigentliche Entdeckung wird stets das Stallgebäude sein, das Ende des 19. Jahrhunderts in neoromanischen Formen aufgeführt wurde. Überraschend ist vor allem die handwerkliche Qualität der zierenden Details.

KAARZ

Im noch etwas nördlicher gelegenen Warnowtal, nur 6 Kilometer von Sternberg entfernt, verbindet eine prachtvolle Kastanienallee die Orte Weitendorf (direkt an der B 104) und Kaarz miteinander. Man muss es schon wissen, dass hier am Ausgang des 19. Jahrhunderts noch einmal im großen Stil landschaftsgestalterisch geplant worden ist, denn im Sinne eines agrarischen Großbetriebes standen beide Siedlungen einst in engem räumlich-funktionellen Zusammenhang. Der Gutshof-Charakter blieb Weitendorf bis heute eigen. Einige der Nutzbauten lassen sich auf 1881 datieren.

Kaarz dagegen war als abgesetzter herrschaftlicher Wohnsitz mit spezifischen Nebenbauten konzipiert. Unter geschickter Ausnutzung des bewegten Geländereliefs wurden der repräsentative Wohnsitz, der Marstall, die Försterei und ein Mausoleum sowie einige bescheidene Leutehäuser zu einem Ensemble gefügt. Die Baugestalt des 1873 errichteten Herrenhauses, das im Detail phantasievolle Entlehnungen aus älterer französischer Schlossbaukunst erkennen lässt, wird maßgeblich durch das gartenseitige Belvedere bestimmt. Dieses Bauglied deutet hin auf die Architekturgesinnung der Nach-Schinkelzeit. Und in der Tat gehen die Baupläne auf die Berliner Architekten Saniter und Becker zurück. Der Marstall (1907) gibt sich als ein Werk von Paul Korff zu erkennen. Von den beiden Mausoleen muss das größere hervorgehoben werden, das in aufwendigen Neorenaissanceformen handwerklich hervorragend ausgeführt wurde. Den sorgfältig angelegten Park (1873) verdankt das architektonisch-landschaftsgärtnerische Gesamtensemble dem Hamburger Gartenkünstler Ansorge. Unter den fremdländischen Gehölzen fällt der prächtige Mammutbaum ins Auge.

HASENWINKEL

Zu den bekannten Korff-Bauten in Mecklenburg-Vorpommern zählt Schloss Hasenwinkel (1911–12), eine Architekturschöpfung ganz eigener Art. Ihre einmalige ästhetische Wirkung erklärt sich aus der Einheit von Haus und Garten, einer wesentlichen Forderung damaliger Reformbestrebungen. Angeregt durch klassische Vorbilder zeigt sich hier eine Raumlösung, die optisch – von der Straße her – an das Guckkastenprinzip erinnert. Durch einen Zaun von filigraner Durchsichtigkeit gleitet der Blick ungehindert über das von Baumreihen kulissenartig eingefasste Gartenparterre. In der Tiefe wird es durch den ruhig lagernden und nur dezent gegliederten Wohnbau verriegelt. Diese barocke Reminiszenz ist typisch für Korffs Schaffen vor dem Ersten Weltkrieg. Dennoch offenbart sich in der sorgfältigen Bauausführung ein Funktions- und Materialdenken, das Einsichten in die Grundsätze der Reformarchitektur voraussetzt. Die innenarchitektonische Ausstattung kulminiert in der gediegen wirkenden Halle.

Unweit von hier, in Friedrichswalde bei Blankenberg, 4 Kilometer südlich von Warin, stößt man auf ein außergewöhnliches Mausoleum. Das 1915 in antikisierenden Formen errichtete Bauwerk steht malerisch auf einer Terrasse am Ufer des Groß Labenzer Sees. Insider wandern hierher, weil zur Anlage der berühmte Bronzehirsch zählt, ein Werk des Bildhauers Louis Tuaillon.

Anfahrt

Basthorst liegt etwa 10 Kilometer östlich des Schweriner Sees. Sternberg findet man etwa 15 Kilometer nordöstlich von Basthorst und 20 Kilometer östlich des Schweriner Sees an der B 104. Und wieder der Tipp, die einzelnen Gutshöfe am besten mit dem Fahrrad auf idyllischen, verkehrsarmen Nebenstrecken anzufahren. Hasenwinkel liegt nordwestlich von Sternberg, 4 Kilometer westlich von Warin liegt sehr idyllisch am Bibowsee das Dorf Hasenwinkel.

Info

Fremdenverkehrsamt Sternberg, Luckower Straße 3, 19406 Sternberg, Fon und Fax 0 38 47/45 10 12.

Hotel Schloss Basthorst, 19412 Basthorst, Fon 0 38 63/ 52 50, Fax 0 38 63/ 52 55 55.

Hotel Schloss Kaarz, Obere Dorfstraße 6, 19412 Kaarz, Fon 0 384 83/ 30 80, Fax. 03 84 83/ 3 08 40. Die Schlossküche bleibt hier meistens kalt, dafür sind die Zimmer mit einer eigenen Küchenzeile ausgestattet. Anderen Schlosshotels zur Nachahmung empfohlen: Die Gäste können hier nicht nur Fahrräder, sondern auch Kajaks mieten.

Hasenwinkel
Restauriertes Schloss und Schlossgarten

Schloss Hasenwinkel, 19417 Hasenwinkel, Fon 0 38 47/ 6 61 40, Fax 0 38 47/6 61 50. Hotel und Restauration nur für größere Veranstaltungen.

Zwar nicht im Schloss, aber dennoch sehr schön direkt am Sternberger See lässt sich im Seehotel Sternberg, Johannes-Dörwald-Allee 61, 19406 Sternberg, Fon 0 38 47/ 35 00, Fax 0 38 47/ 35 01 66, übernachten. Bei dem Hotelgebäude handelt es sich um das umgestaltete ehemalige Kulturhaus des Ortes.

Tipp

Zu einer echten Attraktion hat sich das Archäologische Freilichtmuseum Groß Raden entwickelt. Nur 3 Kilometer nordöstlich von Sternberg wurde hier ein slawischer Tempelort aus dem 9. und 10. Jahrhundert ausgegraben (1973–80) und dann in weiten Teilen rekonstruiert. Neben dem Burgwall mit Palisade und dem Tempelgebäude wird in zehn Häusern Hand werk und Alltagsleben der Slawen gezeigt. Diese Freilichtausstellung auf dem ursprünglichen Siedlungsgelände, einer strategisch klug gewählten Halbinsel im See, wird ergänzt durch eine Sammlung archäologischer Funde zur Geschichte und Kultur der slawischen Stämme in Mecklenburg. Archäologisches Freilichtmuseum Groß Raden, Kastanienallee, 19406 Groß Raden, Fon 0 38 47/ 22 52, Fax 0 38 47/ 45 16 24.

Naturfreunden sei eine Wanderung von Sternberg in nördliche Richtung empfohlen. Auf schönen, gut ausgeschilderten Wegen geht es in ein romantisches Tal, das so genannte Warnow-Durchbruchtal, in dem bei Groß Görnow die Mildenitz und die Warnow zusammenfließen.

Archäologisches Freilichtmuseum Gross Raden
Lohnendes Ausflugsziel

12 WILIGRAD BEI LÜBSTORF

Ungeachtet seiner exklusiven Abgeschiedenheit am Nordwestufer des Schweriner Sees heißt Schloss Wiligrad alle Kulturinteressierten mit wechselnden Kunstausstellungen stets willkommen. Zudem hat hier das Landesamt für Bodendenkmalpflege sein Domizil. Der malerische, 1896–98 nach Entwürfen von Albrecht Haupt errichtete Gruppenbau entstand in Anlehnung an die im 16. Jahrhundert ausgeführten Johann-Albrecht-Bauten, eine Sonderleistung der Renaissancearchitektur in Mecklenburg.

Auf die Johann-Albrecht-Bauten beziehen sich so gewichtige Details wie der reiche Terrakottaschmuck und die sorgfältig ausgearbeiteten Lünettengiebel. Im Haupthaus sind sehenswerte Raumdekorationen erhalten. Abgesehen vom ausgedehnten Park mit einigen exotischen Gehölzen bleibt noch das zeitgleich

Wiligrad
In exklusiver Abgeschiedenheit am Nordwestufer des Schweriner Sees

angelegte "Dorf" bemerkenswert. Stilistisch auf das Schloss abgestimmt, zählen hierzu Wohn- und Wirtschaftsbauten, die nach damals modernsten Gesichtspunkten ausgestattet waren. So beispielsweise der giebelgezierte Marstall, der als Funktionsgebäude Reithalle, Pferdeställe, Wagenremisen, Werkstätten, Futterlager und Bedienstetenwohnungen unter einem Dach vereint und das "Kesselhaus", in dem die Heizungsanlage und Stromversorgung für das Schloss betrieben wurden. Indes treten die Renaissanceformen hier keinesfalls zufällig auf, denn der Bauherr, der Schweriner Herzog Johann Albrecht († 1920), zählte in Deutschland zu den anerkannten Protagonisten des Heimatstil-Gedankens.

BURGWALL MICHELENBURG/ DORF MECKLENBURG

Die Ortsbezeichnung Wiligrad erfolgte übrigens in Anlehnung an die Bezeichnung der 13 Kilometer nördlich von Wiligrad an der B 106 schon kurz vor Wismar gelegenen Michelenburg, der einstigen Hauptburg der Obotriten. Nach Aussage der Chronisten steht hier die Wiege des Landes Mecklenburg: Am 10. September des Jahres 995 ließ der spätere Kaiser Otto III. auf der Michelenburg eine Schenkungsurkunde ausstellen, die als ältester Beleg für diesen slawischen Fürstensitz gilt.

Heute zeugt noch der etwa zehn Meter hohe Ringwall – ein Friedhof ist jetzt auf ihm angelegt – von der hier errichteten Burg. Einen Besuch des beeindruckenden Bodendenkmals, das sich getrost mit den Burgwällen von Ilow bei Wismar, Kap Arkona und Garz auf Rügen vergleichen lässt, sollte man nicht versäumen. Wie die archäologische Forschung feststellen konnte, ist die Anlage schon im 7. Jahrhundert errichtet und mehrfach ausgebaut worden. Schließlich erreichte die Befestigung eine Ausdehnung von 150 x 200 Metern mit ca. 12 bis 15 Meter hohen Wällen. 1160 spielte die Befestigung in den

Burgwall Mecklenburg
Einstige Hauptburg der Obotriten

Kämpfen zwischen Obotriten und dem Sachsenherzog Heinrich dem Löwen eine gewichtige Rolle. Die Burg wurde wiederholt zerstört, bis sie 1322 aufgegeben wurde.

Anfahrt

Lübstorf liegt 15 Kilometer südlich von Wismar an der B 106 direkt am westlichen Steilufer des Schweriner Außensees, 15 Kilometer nördlich von Schwerin. Der Ort ist auch auf dem Schienenweg oder per Bus zu erreichen. Wer in Schwerin Quartier bezogen hat, sollte die Chance nutzen, Lübstorf zu Fuß oder mit dem Rad zu besuchen. Vom Weg am Ufer bieten sich wunderschöne Aussichten über den Schweriner See. Der ausgeschilderte Hauptwanderweg zwischen Schwerin und Wismar führt direkt am Schloss Wiligrad vorbei.

Info

Schloss Wiligrad, 19069 Lübstorf. Ein Kunstverein betreut das Haus und lädt regelmäßig zu Ausstellungen, Konzerten und Seminaren ein. Fon 0 38 67/ 88 01, Fax 0 38 67/ 74 50.

Touristische Informationen erhält man beim Fremdenverkehrsverein um den Schweriner See, Fritz-Reuter-Straße 37, 23996 Hohen Viecheln, Fon 03 84 23/ 5 49 00 oder bei der Information in Schwerin.

Übernachtungsmöglichkeiten direkt in Lübstorf bietet das Hotel Zum Rehtberg, Feldweg 1, Fon 0 38 67/ 6 11 10, Fax 0 38 67/ 61 11 45. Hier kann man auch Fahrräder und Boote ausleihen ... und nach Mecklenburger Art speisen.

Tipp

In Dorf Mecklenburg bietet das Hotel und Restaurant Mecklenburger Mühle, 23972 Dorf Mecklenburg, rustikale landestypische Gerichte in einer alten Holländer-Windmühle. Fragen Sie auch nach den – eigentlich den Pensionsgästen vorbehaltenen – Mietfahrrädern.

13 ST. NIKOLAI IN WISMAR

Dreischiffige Backstein-Basilika mit Umgangschor, Kapellenkranz und Strebewerk

Am 14. und 15. April 1945 bombardieren die alliierten Luftstreitkräfte Wismar – die alte Hansestadt brennt. Gebäude liegen in Schutt und Asche, auch Kirchen. Die Georgenkirche ist schwer getroffen – Dächer, Gewölbeteile und Giebelfelder weggesprengt, nur die Umfassungsmauern halten stand. St.Marien, die Rats- und Hauptpfarrkirche der Stadt – zumindest der Kirchturm ist unbeschädigt. Aber die Nikolaikirche, die räumliche Superlative norddeutscher Backsteingotik – sie steht unversehrt an ihrem Platz, wie durch ein Wunder vom Bombenhagel verfehlt .

Im 14. und 15. Jahrhundert werden in der Stadt Wismar – seit 1358 Mitglied der Hanse – drei große gotische Pfarrkirchen gebaut; Zeugnisse von Macht und Einfluss der blühenden mittelalterlichen Handelsstätte.

St. Nikolai in Wismar
Baubeginn um 1380

1339 beginnt der Bau der Marienkirche. Und wir schreiben Gotik. Daher muss auch die kleine Kirche an der Mühlengrube von 1270 bald einem Neubau weichen, denn man will hoch hinaus. In Anlehnung an St. Marien, aber noch größer, noch steiler, noch höher.

Baubeginn der Nikolaikirche ist etwa um 1380. 1381 wird der Maurermeister Heinrich von Bremen für die Fertigstellung des Chores von den Kirchenvorstehern unter Vertrag genommen. Der Ratzeburger Bischof Detlef weiht den Chor 1403 – mit 37 m Höhe ist die Marienkirche um 4,40 m übertroffen. Nur in Köln und Ulm wagte man sich in Deutschland noch höher hinauf.

Hermann von Münster und Peter Stolp errichten zwischen 1435 und 1459 das eingewölbte Langhaus. Und mit dem Bau des Glockenturmes in den Jahren 1485–87 unter Hans Martens finden die Arbeiten vorläufig einen Abschluss.

Aber bereits 1508 sind Reparaturen am 60 m hohen Spitzhelm des Kirchturmes notwendig, und 1524 verursachen Setzungserscheinungen am Turm den Einsturz angrenzender Gewölbeteile in den Seitenschiffen. 1699 explodieren in Wismar drei Pulvertürme, verwüsten die Stadt, und auch St. Nikolai wird stark beschädigt. Und dann der Dezember 1703: Ein Orkan fegt über das Land, der 60 m hohe Helm des Turmes hält dem nicht stand – stürzt durch Dach und Gewölbe in das Mittelschiff der Kirche und vernichtet eine Vielzahl mittelalterlicher Ausstattungsstücke.

Für 3 Jahre muss die Kirche der Seefahrer geschlossen werden. Vom Kirchturm fehlt seither der Spitzhelm, und erst 1867 wird man das Gewölbe neu einziehen.

Im Inneren der Nikolaikirche verweisen vor allem die steil ansteigenden Räume sowie große

Wandgemälde in den Kapellen und Turmhallen eindeutig auf gotische Kunst. Dem Barock hingegen ist u. a. der Hauptaltar von 1772 zuzuordnen.

Nach den verheerenden Luftangriffen im April 1945 übernimmt die Nikolaikirche gerettetes Inventar der beiden getroffenen Großkirchen: Aus der zerstörten St. Marien stammen beispielsweise der Krämeraltar (15. Jh.) und die Bronzetaufe von Meister Johann Apengeter (um 1335). Der spätgotische Hochaltar mit doppelten Flügeln (um 1430), eines der größen und wertvollsten Kunstwerke seiner Art in Mecklenburg, stand ursprünglich in der Georgenkirche (14./15. Jh. erbaut).

Erst nach wiederholten Ansätzen gelang es auf der Schwelle zur Neuzeit in Wismar – nahe der Michelenburg – auf Dauer eine landesherrliche Niederlassung zu installieren. Es entstand schließlich der Fürstenhof, dessen Haupttrakt, der Neue Hof, als Erstling unter den mecklenburgischen Renaissancebauten gilt. Italienische Kunsterfahrungen voraussetzend wurde das stattliche Gebäude 1553/54 unter Anleitung des Bauherrn selbst, des humanistisch gebildeten Schweriner Herzogs Johann Albrecht I. († 1576), errichtet. Mit der Bauausführung waren Gabriel van Aken und Valentin von Lyra beauftragt. Den reichen Terrakottaschmuck lieferte die Werkstatt des Statius von Düren.

Trotz offenkundiger Unterschiede, die sich im niederländisch geprägten Baudekor und am hohen Satteldach offenbaren, wird als unmittelbares künstlerisches Vorbild der Palazzo Roverella zu Ferrara vermutet. Das ursprüngliche Aussehen des Neuen Hofes ist durch spätere Eingriffe verändert worden, auch wenn dies auf den ersten Blick kaum wahrnehmbar ist. Schon 1574 wurden die hohen Lünettengiebel aus baustatischen Gründen abge-

St. Nikolai
Eine dreischiffige Backstein-Basilika

nommen. Dennoch bleibt der Baudekor unübertroffen, stellen die szenischen Abfolgen von Trojanischem Krieg (stadtseitig) und Gleichnis vom verlorenen Sohn (hofseitig) bildnerische Meisterleistungen dar (ursprünglich Kalkstuck, 1984 bzw. 1975–80 durch Sandsteinkopien ersetzt).

Info

In Wismar bietet die Wismar-Information, Am Markt 11, 23966 Wismar, Fon 0 38 41/ 1 94 33, Fax 0 38 41/ 25 13 09 1, Auskunft über die Stadt und ihre Umgebung.

Das Wismarer Stadtgeschichtliche Museum, Schweinsbrücke 8, 23966 Wismar, Fon 0 38 41/ 28 23 50, ist im "Schabbellhaus", einem aus dem 16. Jahrhundert stammenden Brau- und Wohnhaus untergebracht. Der Backsteinbau im Stile der niederländischen Renaissance liegt im Schatten der mächtigen Nikolaikirche und birgt neben Wechselausstellungen eine Ausstellung zur Stadtgeschichte und mittelalterlichen Kunst.

Tipp

Wer in Wismar als architekturhistorisch Interessierter angemessen übernachten will, der sei auf das Hotel Alter Speicher, Bohrstraße 12, 23966 Wismar, Fon 0 38 41/ 21 17 46, Fax 0 38 41/ 21 17 47, hingewiesen. In zwei historischen Gebäuden hat man hier ein neues, stilvolles Hotel eingerichtet.

14 KLOSTERKIRCHE NEUKLOSTER

Die Stiftsurkunde der Klosterstiftung "Campus solis", Sonnenkamp, wird im Jahr 1219 aufgesetzt.

Im selben Jahr bestätigt Bischof Brunwald von Schwerin die Klostergründung in dem wendischen Dorf Cuszin: Die Schaffung eines weiteren deutschen Siedlungs- und Kulturmittelpunktes sei hier unbedingt erforderlich.

Bereits kurz nach 1250 tragen Dorf und Zisterzienser-Nonnenkloster einen gemeinsamen Namen: Neukloster.

Die spätromanische Backsteinkirche wird im 13. Jh. in drei Bauabschnitten errichtet (1219–1227–1240). Mit 51 m Länge und 10,9 m Breite entspricht die heute einschiffige, ursprünglich als Basilika errichtete Kirche mit Querhaus den Grundmaßen des Ratzeburger Doms, dessen Bauleute vermutlich nach der Domfertigstellung (1220) auch in Neukloster tätig sind. Die Altarweihe erfolgt im Jahr 1236.

Der backsteinerne, achteckige Glockenturm aus dem 15. Jh. steht etwa 45 m südöstlich der Kirche. 1586 durch Herzog Ulrich erhöht (Wappen an Südseite) fiel er 1989 einer Brandstiftung zum Opfer und konnte 1999 wiederhergestellt werden. Das Propsteigebäude (15. Jh., mit gotischem Ziergiebel), 100 m südlich der Kirche ist heute städtischer Kindergarten.

Besonders die meisterhafte Verarbeitung des Backsteins an der Klosterkirche Neukloster ist für das 13. Jh. beispielhaft. Spätromanisch geformte Rundbogenfriese und Glasurziegel sind hier in den verschiedensten Schmuckdetails wieder zu finden. Die Kreuzgratgewölbe von Chor und Querschiff stellen ebenfalls einen typischen Ausdruck romanischer Baukunst dar.Einzigartig für Mecklenburg sind die romanischen Glasgemälde in den Chorfenstern aus der Zeit zwischen 1235 und 1245. Aus den Anfängen des 16. Jh. stammt der spätgotische Flügelaltar im Kircheninneren (Maria in der Strahlensonne).

Der Ort Neukloster hat heute ca. 45oo Einwohner und liegt an der A 20 - Abfahrt Neukloster – etwa 15 km östlich von Wismar.

KLOSTERKIRCHE NEUKLOSTER
Spätromanische Backsteinkirche

15 KLOSTERKIRCHE BAD DOBERAN

Backsteingotik in meisterhafter Qualität

1368 weiht der Schweriner Bischof Friedrich II. von Bülow die im gotischen Stil und in hervorragender Backsteinqualität erbaute Doberaner Klosterkirche, eine im Grundriss kreuzförmige und kreuzrippengewölbte dreischiffige Basilika mit einem zweischiffigen Querhaus.

Die Geschichte vom Zisterzienserkloster Doberan und seiner Kirche – der Name „Doberan" wurde aus dem Slawischen übernommen – beginnt 1171 mit der Klostergründungim nahen Althof. Bereits acht Jahre später wird das Kloster jedoch während des großen Slawenaufstandes zerstört. 1186 kommt es zur Neugründung am jetzigen Ort und mit dem Klosteraufbau entsteht eine 1232 geweihte romanische Backsteinkirche. Reste dieses romanischen Gotteshauses sind im gotischen Nachfolgebau nur noch am südlichen Teil der Westfassade zu finden. Nach dem Klosterbrand wird ab 1291 mit dem Neubau und in Anlehnung an die Lübecker Marienkirche u. a. durch einen Werkmeister Heinrich begonnen. Spätestens 1336 sind Chor mit Umgang und Kapellenkranz vollendet.

1368 wird eine der schönsten Kirchen der norddeutschen Backsteingotik geweiht, eine in klaren Formen entstandene Mischung aus hanseatischer Stadtkirche und französischer Kathedrale.

Ebenso klar und ausgewogen auch die äußere Gestaltung: ein durch Strebepfeiler und Spitzbogenfenster gleichmäßig gegliedertes Langhaus von 78 m Länge und ein basilikales rund 39 m langes Querhaus.

Das Kircheninnere vermittelt trotz der langen Bauzeit einen überaus gleichmäßigen und sehr schlanken Eindruck. Das Mittelschiff beispielsweise erreicht bei einer durchschnittlichen Breite von 10,88 m immerhin die stolze Höhe von 26 m.

Die Ausstattung der Klosterkirche ist durch die besondere Vielzahl einzigartiger Kunstschätze bekannt, daher an dieser Stelle nur eine kleine Auswahl:

ein gotischer Flügelaltar, u. a. mit Szenen aus dem Alten und Neuen Testament von ca. 1310, der Fronleichnamsaltar mit Kreuzigungsgemälde aus dem 14. Jh., des Weiteren ein Laienaltar mit Darstellung von Adam und Eva sowie Christus vor Pilatus und Kreuztragung aus der 2. Hälfte des 14. Jh., der Mühlenaltar von ca. 1400 und u.a. ein Abendmahlsschrein aus der 1. Hälfte des 14.Jh., wobei es sich bei dem zuletzt genannten sakralen Kunstschatz um eine der ältesten gemalten Tafeln aus dem Ostseeraum handeln dürfte.

Nicht zuletzt sei auf die verschiedenen prunkvollen Grabmale in der Klosterkirche hingewiesen, u. a. das Reiterstandbild des Kanzlers Samuel v. Behr vom Meister F. J. Döteber.

Standort

Die Klosterkirche Bad Doberan befindet sich auf einem weitläufigen Parkgelände östlich des Marktes, gut ausgeschildert und von hier in wenigen Gehminuten (ca. 5 Min.) zu erreichen.

Doberan versank nach der Säkularisation allmählich in einen Dornröschenschlaf. Größere Bedeutung erlangte der Ort erst wieder, nachdem im nahe gelegenen Heiligendamm 1793 das erste deutsche Seebad eröffnet worden war und der Schweriner Hof hier eine Sommerresidenz anlegen ließ. Die in der Folgezeit entstandenen klassizistischen Wohn-, Gesellschafts- und Kurbauten bestimmen das Ortsbild bis heute und lassen die städtebauliche Absicht deutlich zu Tage treten. Den Mittelpunkt der Neubebauung bildet ein annähernd drei-

Klosterkirche Bad Doberan
Backsteingotik in hervorragender Qualität

eckiger, parkartigen Platz, der Kamp. Ihn säumen repräsentative, locker aneinander gereihte Bauten, die fast ausnahmslos nach Entwürfen des Langhans-Schülers Carl Theodor Severin (1763–1836) entstanden sind. Die Ostflanke des Kamp ist belegt durch ein "Logierhaus" (1793), das Salongebäude (1802) und das Große Palais (1806–09). Das einstige Schauspielhaus (1806) musste 1888/89 dem Gymnasium von Gotthilf Ludwig Möckel weichen. Nördlich wird die Platzbebauung durch das Haus Medini (1825) bestimmt. Südlich, am Angelpunkt des Ensembles, markieren in verhaltener Festlichkeit zwei in Korrespondenz gesetzte Wohnbauten – das ehemalige Prinzenpalais (1810–12) und das Haus Gottesfrieden (1823–24) – den Zugang zum Kamp. Hierbei bediente sich Severin gleichartiger Architekturmotive, der hohen Bogennische, eines typischen Details der Berliner Bauschule. Der Kamp selber wurde bereits 1793 parkähnlich gestaltet und später durch zwei der Chinamode verpflichtete Pavillonbauten, den Roten Pavillon und den Weißen Pavillon (1808–09 bzw. 1810–13) bereichert.

Als eigentliches urbanes Zentrum entstand ab 1820 westlich vom Kamp der Neue Markt, allerdings unter wesentlich sparsamerem Bauaufwand.

Städtebaulich wird eine räumlich-kompositorische Abgrenzung vom Fürstensitz, dem Großen Palais, vermieden. Fraglos mag dies mit dem besonderen Charakter Doberans als Sommerresidenz fernab steifen Hofzeremoniells zusammenhängen. Das lang gestreckte Palaisgebäude, das sich durch eine Portalnische mit vier eingestellten ionischen Säulen zu erkennen gibt, birgt in seinem ovalen Gartensaal eine Rarität: In vorzüglichem Zustand blieben hier – neben bemalter Decke und intarsiertem Parkettboden – kostbare Wandtapeten erhalten, die um 1820 in der Pariser Manufaktur Dufour in Grisaille-Manier gedruckt wurden. Sie stellen in szenischer Abfolge die Geschichte von Amor und Psyche dar.

Entlang einer prachtvollen Allee führt der Weg nach Heiligendamm an der Pferderennbahn (1823) vorbei, eine der ältesten ihrer Art in Europa. Den architektonischen Höhepunkt des Seebades stellt das nach Severin-Plänen errichtete Kurhaus (1814–16) dar, eines der markantesten klassizistischen

Bauwerke Norddeutschlands. Besonders schön zeigt sich der imposante Bau mit seiner von dorischen Säulen getragenen Vorhalle von der Seebrücke her. Aber auch auf das kleine, nahe der Steilküste gelegene Ensemble von Cottages (um 1839), das teilweise auf Demmler zurückgeht, sei verwiesen.

HOHEN LUCKOW

Ein Hinweis auf den Hohen Luckower Herrensitz wird in keinem Kunst- und Reiseführer über Mecklenburg-Vorpommern fehlen dürfen. Im 16 Kilometer südlich von Bad Doberan gelegenen Dorf Hohen Luckow entstand das inzwischen restaurierte Barockgebäude 1707/08 für Christoph v. Bassewitz († 1743). Langjährige Hofdienste mögen ihn als Auftraggeber für künstlerische Belange sensibilisiert haben, so dass ein Bauwerk entstand, das weit über das damals Übliche hinaus ging. Architektonisch haftet dem Schlossbau ein unübersehbarer holländischer Zug an. Der blockhafte Baukörper, die Fassadengliederung und nicht zuletzt das System des Baudekors erinnern entfernt an das wesentlich prachtvollere Rossewitz.

HOHEN LUCKOW
Moderne Landwirtschaft in historischem Ensemble

Im Inneren hat sich die ursprüngliche Raumaufteilung weitgehend erhalten. Die reichen, vielleicht von italienischen Künstlern geschaffenen Deckenstuckaturen kulminieren im Rittersaal. Hier finden sich zudem an den Wänden Stuckreliefs mythologisch-allegorischen Inhalts sowie der Stammbaum des Bauherrn, die so genannte Ahnenprobe.

Der mehrfach, zuletzt nach dem Brand von 1934 überarbeitete Gutshof überzeugt als geschlossenes Ensemble vorzüglich gepflegter Wirtschaftsbauten. Die mittelalterliche, in den Gutsbereich integrierte Dorfkirche birgt eine kostbare, teilrestaurierte Barockausstattung.

Anfahrt

Bad Doberan liegt nur 15 Kilometer westlich von Rostock. Die an der Küste entlang führende B 105 führt durch die Stadt. Neuerdings auch über die A 20 Rostock-Lübeck zu erreichen. Bahnverbindungen bestehen von Rostock und Wismar aus.

Info

Tourist-Information Bad Doberan, Goethestraße 1, 18209 Bad Doberan, Fon und Fax 03 82 03/6 21 54.
Das Stadtmuseum "Möckelhaus", im schön restaurierten Wohnhaus von 1888 des Architekten Gotthilf Ludwig Möckel, informiert über die jahrhundertelange Geschichte Bad Doberans, Schwerpunkt ist die Entwicklung des Badewesens. Beethofenstraße 8.

Das Romantikhotel Friedrich-Franz-Palais ist sicher die stilvollste Unterkunft der Stadt, das zum Hotel gehörende Restaurant Seydewitz genießt wegen seiner feinen Küche (Fisch- und Wildspezialitäten) einen hervorragenden Ruf. August-Bebel-Straße 2, 18209 Bad Doberan-Heiligendamm, Fon 03 82 03/ 6 30 36, Fax 03 82 03/ 6 21 26.
Gut Hohen Luckow, Fon 03 82 95/76 50, Fax 03 82 95/7 65 99.
Das Café Weißer Pavillon, Auf dem Kamp, bietet Kaffee, Kuchen und kleine Speisen in gediegenem Ambiente.

Tipp

Neben der Architektur ist die Schmalspurbahn "Molli" Bad Doberans zweite Attraktion. Sie dampft seit 1886 mitten durch die schmalen Straßen der Stadt und bringt – heute wie damals – die Sommerfrischler hinaus zu den Stränden von Heiligendamm und Kühlungsborn (gut 15 Kilometer von Bad Doberan entfernt). Eine Fahrt in diesem populären Technikdenkmal sollte man sich nicht entgehen lassen.

GNEMERN

Freunde von Wasserburgen kommen 25 Kilometer südlich von Bad Doberan, in Gnemern auf ihre Kosten. Die Geschichte der Anlage, deren Grabensystem weitgehend erhalten blieb, lässt sich bis ins 13./14. Jahrhundert zurückverfolgen. Gnemern ist ein kleines Schloss mit besonderem Charme. Vom mittelalterlichen Baukern stammt ein kapellenartiger Raum mit spätgotischem Netzgewölbe. Im Jahre 1676 beschädigte ein Brand den mittelalterlichen Wohnbau. Unter Einbeziehung älterer Teile wurde er in schlichteren Formen ab 1682 wieder hergestellt. In diesen Formen zeigt er sich noch heute.

Bad Doberan/Heiligendamm
Mit Molli ans Meer

Marienkirche Rostock
Die größte Kirche der Hansestadt, gotisch, 13.–15. Jahrhundert

16 St. Marien in Rostock

Die Ratspfarrkirche der Stadt

Um das Jahr 1200 ziehen die ersten deutschen Kaufleute in die slawische Handelsniederlassung an der Warnow. Die Ansiedlung um den Alten Markt (Altstadt) erhält 1218 Lübecker Stadtrecht, und ab 1230 beginnt der Ausbau der Mittelstadt um den Neuen Markt und St. Marien.

Vom Bau der ersten, um 1230 begonnenen Hallenkirche, sind nur die Turmuntergeschosse erhalten. In Anlehnung an die Lübecker Marienkirche wird etwa ab 1290 an gleicher Stelle eine hoch aufragende kreuzförmige Backstein- Basilika mit

Umgangschor und Kapellenkranz errichtet.

Die Kirchenvorsteher und Stadtherren wollen mit dem Neubau ihrer Marienkirche mit den mächtigen hanseatischen Pfarrkirchen von Wismar und Stralsund wetteifern. Und auch auf die schmuckvolle Gestaltung der Außenfassade nehmen die Ratsherren Einfluss – an Lang- und Querhaus werden glasierte farbige Steine abwechselnd mit unglasierten Backsteinen eingearbeitet.

Die Arbeiten an dieser großen gotischen Kirche finden erst 1452 mit der Vollendung des Langhauses und des weit ausladenden Querschiffes ihren vorläufigen Abschluss, wobei seit 1427 im fertigen Turm die Glocke hängt. 1796 wird die Turmspitze mit der offenen Laterne erneuert.

Es ist die größte Kirche der Hansestadt Rostock entstanden. Der rechteckige Turm jedoch – ursprünglich als Zweiturmfront geplant – erscheint für dieses monumentale Backsteinbauwerk verhältnismäßig niedrig ausgeführt. Anhand der unterschiedlichen Färbungen des Backsteins sind auch heute noch die einzelnen Bauabschnitte zu erkennen: Beispielsweise heben sich die dunkelroten Ziegel des älteren Kapellenkranzes deutlich von den grün-glasierten und gelben Steinen des jüngeren Quer- und Langhauses ab.

Im Mittel- und Querschiff der Marienkirche sind Sterngewölbe vorhanden, die Seitenschiffe hingegen sind kreuzrippengewölbt. Zu den interessantesten Ausstattungsstücken zählen u. a. die bronzene Tauffünte aus dem Jahr 1290 (!) – ein im hanseatischen Raum sicherlich einmaliges Kunstwerk dieser Art- , der spätgotische Rochusaltar aus der Zeit um 1530, die Astronomische Uhr von 1472 (1643 wieder hergestellt), die Kanzel aus dem Jahre 1574 sowie einige barocke Kunstschätze, darunter Hauptaltar und Fürstenempore.

Standort

Die Rostocker Marienkirche befindet sich direkt im Zentrum der Hansestadt, im Schnittpunkt von Lange Straße, Steinstraße und Neuer Markt – gegenüber dem Rathaus! Besuchen Sie auch die frühgotische Nikolaikirche (13.–15. Jahrhundert) und die Heilig-Kreuz-Kirche (14. Jahrhundert).

Stadthafen Rostock
Hansestadt mit Flair

RITTERGUT BANDELSTORF

Etwa 12 km südöstlich von Rostock, am Rande des Urstromtales der Kösterbeck gelegen, findet man die gut erhaltene typisch mecklenburgische Gutsanlage des ehemaligen Rittergutes Bandelstorf. Die meisten heute hier vorhandenen Gebäude wurden um die Jahrhundertwende erbaut. Das Gutshaus ist jedoch älter und im Laufe der zurückliegenden 150 Jahre mehrfach durch An- und Umbauten, wie Turm (nach 1904 erbaut) und Wintergarten (um 1920 erbaut, Architekt Paul Korff), baulich verändert worden.

Bei Restaurierungsarbeiten wurden Hinweise darauf gefunden, dass am Standort des heutigen Gutshauses eine mittelalterliche Vorbebauung vorhanden war, deren Fundamente noch vorhanden sind.

Die früheste bekannte Erwähnung des Ortsnamens ist das Jahr 1242. Die Bezeichnung soll vom altslawischen „Badimeru" herrühren. Das heißt „Ort des Badmer", eines Menschen, der vom Wesen her „Ruhm hat".

Seit der ersten gefundenen Erwähnung des Ortes bis 1827 war das Rittergut im Besitz der Familie von Preen. Danach gab es bis 1945 drei verschiedene Besitzer. Nach 1945 bis 1991 war das Gut in staatlichem Besitz. Es wurde u. a. als Lehr- und Versuchsgut der Universität Rostock und der Akademie der Landwirtschaftswissenschaften genutzt. Danach wurde der landwirtschaftliche Betrieb privatisiert. Seit 1991 bemüht sich der Förderverein Rittergut Bandelstorf e. V. um die Erhaltung und Nutzung der eigentlichen Hofanlage, die Eigentum der Gemeinde Dummerstorf im Amt Warnow-Ost und durch den Förderverein langfristig gepachtet ist. Es wurden mit Unterstützung von Sponsoren (u. a. Matthies Autoteile Werkzeuge, Kavelsdorf und Hamburg) sowie mit Hilfe von Förderung durch die BfA, das Land Mecklenburg-Vorpommern und die Kreisverwaltung Bad Doberan umfangreiche Sanierungs- und Restaurierungsarbeiten durchgeführt und u. a. ein Gästehaus eingerichtet, das 32 Besuchern Platz bietet. Die Räume im Gutshaus dienen unterschiedlichen Kultur- und Bildungsveranstaltungen. Eine Oldtimersammlung und eine Sammlung historischer Büromaschinen stehen zur Besichtigung ebenso wie der historisch interessante Gutshof. Ein besonderer Höhepunkt ist der jährliche "Tag des offenen Denkmals" am 2. Wochenende im September.

Info

Rittergut Bandelstorf, Am Gutshof 1, 18196 Bandelstorf
Charlotte Hamann ist die 1. Vorsitzende, Ulla Jürges Geschäftsführerin des Rittergutes – alles ehrenamtlich!
Fon 03 82 08/ 12 36, Fax 03 82 08/ 12 35. Hier wohnen Sie einfach, aber romantisch und gut ... und preiswert.

Dieses Haus wird in diesem Buch auch deshalb so ausführlich beschrieben, weil es stellvertretend für viele ähnliche Häuser steht. Überall bemühen sich engagierte Menschen um den Erhalt, den Ausbau und die langfristige finanzielle Absicherung ihrer Objekte.

RITTERGUT BANDELSTORF
Typische mecklenburgische Gutsanlage

Wismar
Wasserkunst am Markt

MECKLENBURGISCHE SCHWEIZ UND RECKNITZNIEDERUNG

Bristow

Schorssow

Blücherhof

Domäne Neu Gaarz

22 Ulrichshusen

23 Schloss Basedow

Gut Remplin

Kummerow

24 Kloster- und Schlossanlage Dargun

25 Ivenack

Zettemin

Kittendorf

Varchentin

Groß Plasten

Warne-
münde
19 Gelbensande
Recknitz
Rostock
Bandelstorf
20 Dalv
Prebberede
Rossewitz
Tellow
18 17 Güstrow
Vietgest
Teterov
Bristov
21 Schlitz
Bellin
Schorssow
Ulrichshuse
Krakower
See
Blücherhof
Neu Gaarz

Mecklenburgische Schweiz und Recknitzniederung

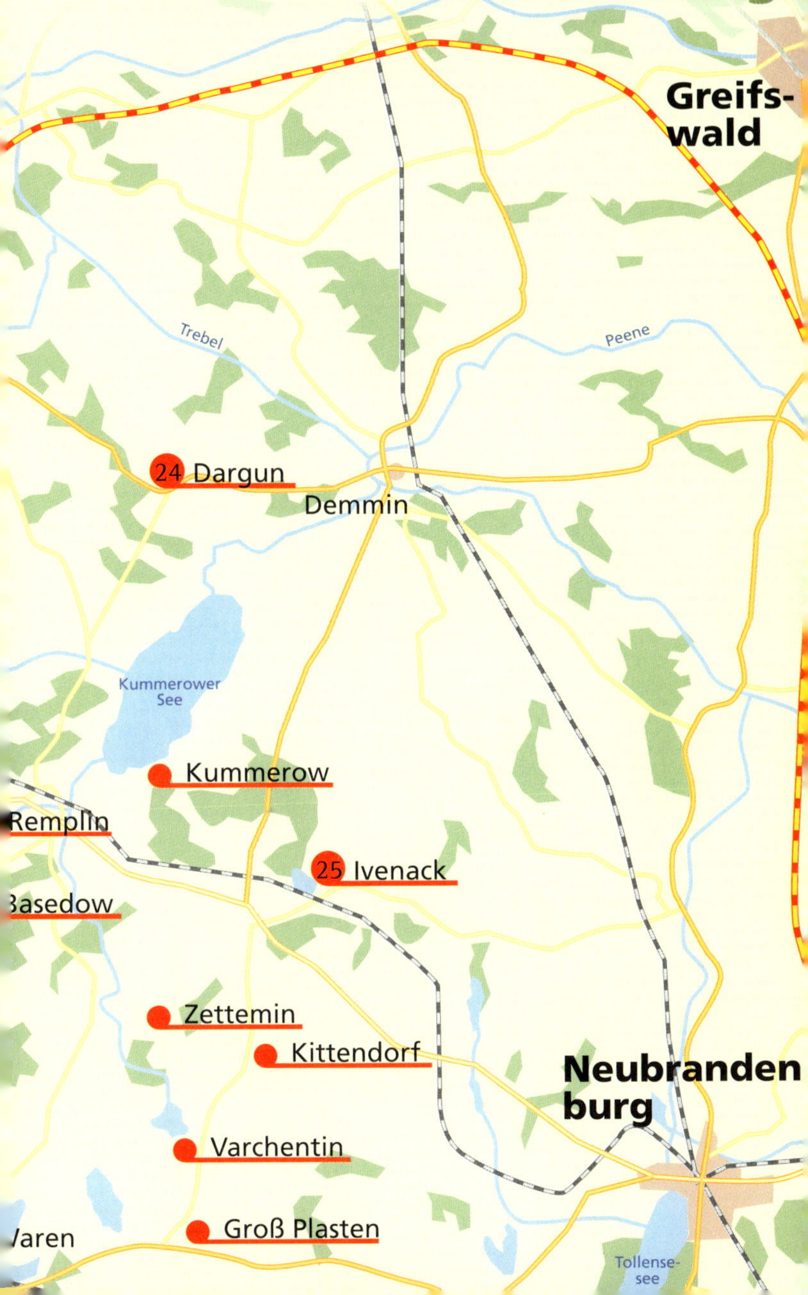

17 SCHLOSS GÜSTROW

In der deutschen Architektur des 16. Jahrhunderts steht das Güstrower Renaissanceschloss einzig da. Es ist der größte erhaltene Bau dieser Stilepoche in Mecklenburg-Vorpommern. Das heutige, 1963–76 grundlegend restaurierte Schloss erhebt sich teilweise über den Fundamenten eines mittelalterlichen Vorgängerbaus.

Auftraggeber des Schlossneubaus war Herzog Ulrich († 1603), der sich nach heftigen Auseinandersetzungen mit seinem Schweriner Bruder Johann Albrecht I. 1556 den Güstrower Landesteil erstritten hatte. Noch im gleichen Jahr ehelichte er die dänische Königstochter Elisabeth, aus deren Mitgift vermutlich ein Großteil des ehrgeizigen Bauvorhabens finanziert wurde. Das Güstrower Schloss galt für Jahrzehnte als modernster Fürstensitz des Landes, so dass es nicht verwundert, dass auch Albrecht v. Wallenstein († 1634) während seines kurzen mecklenburgischen Intermezzos hier vorübergehend Residenz nahm. (1628–29). Die eher bescheiden anmutenden baulichen Veränderungen der beginnenden Barockzeit fügen sich dem Gesamtbild ein.

Brandschäden an der alten Fürstenburg hatten Herzog Ulrich willkommenen Anlass geboten, ein modernes Residenzschloss errichten zu lassen. Hierzu konnte der Architekt Franz Parr († 1580) gewonnen werden, der aus einer Handwerkerfamilie aus Oberitalien stammte, die ins schlesische Brieg abgewandert war. Er führte ab 1558 den architekturgeschichtlich bedeutsamen Süd- und Westflügel aus. 1583 wurde der Niederländer Philipp Brandin († 1594) Hofbaumeister, nach dessen Entwürfen der Nord- (ab 1587–88) und Ostflügel (1592–94) ausgeführt wurden. Stilistisch verschmelzen im Güstrower Schlossbau verschiedene europäische Einflüsse miteinander. Die markante, fassadengliedernde Putzquaderung und die dreigeschossige Arkadengalerie an der Hofseite des Südflügels sind Elemente italienischer Palastarchitektur. Zurückhaltung übt das niederländische Formengut des Nordflügels. Auf Entlehnungen aus der französischen Schlossbaukunst deuten vor allem die pavillonartig ausfluchten-

Schloss Güstrow
Der größte erhaltene Renaissance-Bau in Mecklenburg-Vorpommern
Entwurf des lombardischen Baumeisters Franz Parr

den Ecktürme sowie die Treppentürme hin. Und die ungebrochene Kraft heimischer Bautradition zeigt sich in den aufwendigen Giebelaufbauten und der bewusst asymmetrischen Komposition einzelner Bauglieder.

Das wie ein Triumphbogen konzipierte Torhaus der Schlossanlage (1670–71) entstand nach Entwürfen von Charles Philippe Dieussart († 1696). Der Jagdsaal, die Untere und Obere Hofstube, der große, imposante Festsaal sowie die Räume der Herzogin mit ihrem kostbaren Deckenschmuck vermitteln Vorstellungen von einstiger innenarchitektonischer Renaissancepracht.

Nach dem Tod des letzten Güstrower Herzogs (1695) wurde das Schloss nur noch unzureichend genutzt. Dies war der Grund für den Verfall zum heutigen Torso. Der ab 1963 durchgeführten umfassenden Restaurierung ist vor allem die Sicherung und Wiederherstellung wichtiger Innendekorationen zu verdanken. 1972 wurde das Schlossmuseum eröffnet, das Waffen des 17. und 18. Jh. aus der großherzoglichen Waffensammlung, eine Glassammlung, ostdeutsche Portraitmalerei, Kunst nach 1945 und u. A. eine einmalige Mittelaltersammlung der Staatlichen Museen Schwerin zeigt.

Die Gartenanlage des Schlosses stellt eine 1978 abgeschlossene Rekonstruktion nach historischen Vorlagen dar. Ziel war es, das Erscheinungsbild eines Renaissancegartens annähernd wieder erstehen zu lassen.

18 GÜSTROWER DOM GÜSTROWER EHRENMAL

Die Hofkirche der Herzöge von Mecklenburg

Im Jahre 1226 gründete Fürst Heinrich Borwin II. von Rostock im Tal der Nebel ein Kollegiatstift. Die hier bereits bestehende Siedlung erhielt 1228 Stadtrecht: Güstrow.

Gleichzeitig mit der Stiftgründung beginnt auch der Dombau. Aus dieser Zeit sind Chor und Querschiff in der ursprünglichen Gestalt erhalten geblieben, eine Verlängerung des Chores sowie das Langhaus und der Turmunterbau entstehen in den frühen Jahren des 14. Jahrhunderts. Die Seitenschiffe und die Kapellen werden in der 2. Hälfte des 14. Jahrhunderts errichtet und erst im 15. Jahrhundert bekommt diese dreischiffige kreuzrippengewölbte Basilika ihren rechteckigen Westturm.

Das äußere Erscheinungsbild kennzeichnen insbesondere die Chorgliederung durch Strebepfeiler und hohe gotische Spitzbogenfenster. Kunstvoll gestaltete Rund- und Spitzbogenfriese schmücken die Fassade des mächtigen Backsteinbaus.

Der Güstrower Dom verfügt über eine beinahe einzigartige Vielfalt wertvoller Ausstattungsstücke,

Güstrower Dom
Einstige Hofkirche der Herzöge von Mecklenburg

vor allem aus dem 16. Jahrhundert. Hier nur eine kleine Auswahl ohne nähere Erläuterungen:

Um das Jahr 1500 entsteht der große Flügelaltar mit dem vielfigurigen Kreuzigungsbild - ein Werk aus dem Kunstkreis des Meisters Hinrik Bornemann und für den interessierten Dombesucher eine wohl unvergleichliche Sehenswürdigkeit.

Die Wandgräber der Mecklenburger Herzöge nebst Gemahlinnen sind als kunstvolle Renaissance-Werke an der Nordwand des Chores zu finden. Der aus Utrecht stammende Philipp Brandin beginnt um 1585 mit der Gestaltung dieser Wandgräber, u. a. aus farbigen Marmor. Im nördlichen Querschiff befindet sich der große Taufstein aus Muschelkalk aus dem 13. Jahrhundert. 1530 schuf Claus Berg 11 der 12 ungefassten Apostelfiguren aus Eichenholz, die an den Pfeilern des Langhauses aufgestellt sind.

Ernst Barlachs Bronzekunstwerk „Schwebender" von 1927, ein Mahnmal für die Gefallenen des 1. Weltkrieges, wird 1937 als entartete Kunst eingeschmolzen und ist heute wieder als Drittguss von 1952 im nördlichen Seitenschiff aufgehängt.

Im Zuge der Reformation wird auch in Güstrow das Domkapitel aufgehoben, und seit 1556 ist die Stadt Residenz der Herzöge von Mecklenburg. Damit wird der Dom zur Mecklenburger Hofkirche.

Standort

Der Dom befindet sich am westlichen Rand der Güstrower Altstadt, etwa 350 m von Marktplatz und Marienkirche entfernt.

Anfahrt

Gut 40 Kilometer südlich von Rostock gelegen ist Güstrow mit dem Auto über die Autobahn A 19 und die Bundesstraßen 103 und 104 problemlos zu erreichen. Aus allen Himmelsrichtungen führen zudem Regionalbahnen nach Güstrow.
Radwanderer: Radfernroute R 7 (Mecklenburgische Seenplatte–Rostock) und Radwanderweg Berlin–Kopenhagen führen durch Güstrow.

Info

Touristen-Information Güstrow, Domstraße 9, 18273 Güstrow, Fon 0 38 43/ 68 10 23, Fax 0 38 43/ 68 20 79.

Schloss Güstrow, Franz-Parr-Platz 1, 18273 Güstrow, Fon 0 38 43/75 20, Fax 0 38 43/ 68 22 51. Neben den historischen Festräumen des Schlosses ist im Museum des Schlosses Kunst aus der Antike, dem Mittelalter und der Renaissance zu sehen. Glas von der Antike bis zur Moderne, Jagd- und Prunkwaffen sowie Münzen ergänzen die Ausstellung.
www.museum-schwerin.de

Museum der Stadt Güstrow, Franz-Parr-Platz 7, 18273 Güstrow, Fon 0 38 43/ 68 11 44. Die Bestände dieses denkmalgeschützten Hauses gelten als bedeutend. Reiche Sammlungen vermitteln ein Bild der Kultur- und Lebensweise Güstrower Bürger vom Mittelalter an. Eine Kuriosität: die Kollektion von Theaterzetteln von 1741 bis zur Gegenwart.

Ernst-Barlach-Stiftung, Atelierhaus und Gertrudenkapelle, Am Heidberg 15, 18273 Güstrow, Fon 0 38 43/ 8 22 99. Die Stiftung bewahrt den künstlerischen Nachlass des Bildhauers, Grafikers und Dramatikers. Zur Sammlung gehören Holzskulpturen und Bronzeplastiken, Werkmodelle und -abgüsse, Zeichnungen, Grafiken, Skizzenbücher und literarische Manuskripte. In dem ehemaligen Atelierhaus Am Heidberg sowie in der mittelalterlichen Gertrudenkapelle, westlich der Altstadt auf dem ehemaligen Gertrudenfriedhof, Gertrudenplatz 1, Fon 0 38 43/ 68 30 01, werden bedeutende Werke seines Schaffens gezeigt.

Tipp

Die Stadt Güstrow ist reich an kostbaren Bau- und Kunstdenkmalen, die eine Besichtigung unbedingt lohnen. Die 1308 erstmals erwähnte Pfarrkirche St. Marien birgt einen wertvollen niederländischen Altar aus der Werkstatt des Brüsseler Meisters Jan Bormann (um 1520). Zu erinnern bleibt an die ausdrucksstarke fünffigurige Triumphkreuzgruppe (1516) und an das 1599 fertig gestellte Ratsgestühl, ein reiches Renaissance-Werk.

Von einstiger wirtschaftlicher Blüte Güstrows um 1800 künden die prachtvolle Rathausfassade (1797), hinter der sich übrigens vier mittelalterliche Giebelhäuser verbergen, sowie zahlreiche klassizistische Bürgerhäuser und Funktionsbauten. Ein Sohn der Stadt ist der durch seine Interieurbilder bekannt gewordene Maler Georg Friedrich Kersting (1785–1847). Der bedeutende Künstler Ernst Barlach (1870–1938) schuf in Güstrow zwischen 1910 und 1938 seine Hauptwerke.

Besuchen Sie den Natur- und Umweltpark in Güstrow: mit Aquatunnel, Wolfsrudel und Freigehege.

VIETGEST

Etwa 15 Kilometer östlich von Güstrow an der Bundesstraße 104 lohnt der Ort Vietgest einen Abstecher. Hier steht ein Schloss, das schon von fern durch seine bewegte Silhouette einladend wirkt und 1792–94 als eine der letzten großen ländlichen Barockanlagen in Mecklenburg-Vorpommern entstand. Vielleicht blieb sie unvollendet, denn manches spricht dafür, dass ein raumgreifender Ehrenhof vorgesehen war. Die anempfundenen, jetzt leider abgängigen Wirtschaftsbauten stammen aus dem 20. Jahrhundert, während das etwas ältere, kastenförmige Backsteinhaus früher eine "Schnitterkaserne" war, also während der Ernte zur Aufnahme von Saisonarbeitern diente. Lediglich der axial auf das Schlossportal ausgerichtete Rest einer Allee wird auf ursprüngliche Planungsabsichten zurückgehen, vermittelt diese Pflanzung doch – ähnlich wie im benachbarten Diekhof – zur Weite der Landschaft.

Die umfassende und vorbildliche Sanierung des Schlossgebäudes und die Restaurierung der Zopfstil-Dekorationen im Festsaal erfolgten 1979/89. Damals sind auch die Barockkonturen der Parkanlage herausgearbeitet worden. Zum Zeitpunkt der Drucklegung steht das Schloss zum Verkauf.

JAGDSCHLOSS BELLIN

Von Güstrow bietet sich ein Ausflug ins nahe gelegene Dorf Bellin an. Hier, etwa 15 Kilometer südlich von Güstrow, hat sich ein Gutsensemble von seltener Geschlossenheit erhalten. Der schon in vorgeschichtlicher Zeit besiedelte Ort wurde 1229 erstmals erwähnt. An jene frühdeutsche Siedlungsperiode erinnern die bescheidenen Überreste einer Wasserburg sowie die bemerkenswerte Dorfkirche. Es handelt sich dabei um einen spätromanischen Feldsteinbau, der westfälischen Vorbildern folgt. Das Gut hat viele Besitzer gesehen. 1662 gelangte es an das neue Adelsgeschlecht derer v. Sala. Auf sie geht der Mitte des 18. Jahrhunderts errichtete Gutshof zurück. Sein architektonisches Glanzstück stellt das repräsentative Torhaus dar. 1910 wechselte die Besitzung erneut. Diesmal ging das Gut an den Hamburger Reeder Henry Brarens Sloman († 1931), der aus dem heruntergewirtschafteten Gut einen weithin anerkannten landwirtschaftlichen Musterbetrieb erstehen ließ. Hiervon künden die Landarbeiterhäuser, die bis heute stilistische Eigenarten des Heimatstils bewahrt haben, die Wirtschafts- und Funktionsbauten, und der Wasserturm. Schließlich entstand 1911–12 das von Paul Korff entworfene neue Herrenhaus. Mit seinen zurückhaltend barockisierenden Formen fügt es sich dem historischen Gutsensemble hervorragend ein. Damit verbunden war eine sorgfältige Überarbeitung der Parkanlage. Heute befindet sich in diesem Herrenhaus ein Appartementhotel. Die geräumigen Zimmer sind exklusiv und individuell eingerichtet.

Jagdschloss Bellin, 18292 Bellin, Fon 03 84 58/ 32 20,
Fax 03 84 58/ 322 20 oder 0 40/ 4 10 70 79.
www. jagdschloss-bellin.de

In Groß Breesen, nur 2 Kilometer südlich von Bellin, also in Fußwegentfernung, bietet das Gutshotel Groß Breesen in sei-

JAGDSCHLOSS BELLIN
Gutsensemble in seltener Geschlossenheit

nem urigen Kellerrestaurant "Das Gewölbe". Essen und Trinken nicht nur für die eigenen Hotelgäste. Die Gebäude der Hotelanlage bieten komfortable Unterkunft in ländlicher Idylle.

Gutshotel Groß Breesen, 18 276 Groß Breesen bei Zehna, Fon 03 84 58/ 5 00, Fax 03 84 58/ 5 02 34.

19 JAGDSCHLOSS GELBENSANDE

Ein Käufer oder Investor wollte sich partout nicht finden, dem architektonischen Kleinod in der Rostocker Heide drohte das Aus durch Verfall und Verwahrlosung. Doch die Bürger der kleinen Gemeinde Gelbensande konnten ihr Jagdschloss retten.

Das verlangt nach Anerkennung: Die Gelbensander und einige Nachbarn wollten sich nicht mit dem Niedergang ihres Orts-Wahrzeichens abfinden. Der 1995 gegründete Förderverein übernahm die Verantwortung und die Gemeinde engagierte sich, alles mit dem Ziel einer schrittweisen Rekonstruktion zu sinnvoller gesellschaftlicher wie privatwirtschaftlicher Nutzung. Schon jetzt lädt das Haus zu interessanten Führungen, Ausstellungen und Konzerten ein.

Das romantische Jagdschloss vereint englischen Landhausstil mit Elementen russischer Folklorearchitektur, fasziniert durch prachtvolle Kamine, reich ornamentierte Balkendecken, heimelige Kabinette, überrascht mit bauzeitlicher Haustechnik und ungewöhnlichen Originaldetails.

Der 1885–86 nach Plänen von Gotthilf Ludwig Möckel entstandene Fürstensitz vermag auf gewichtige europäische Familienbande seiner einstigen Bewohner zu verweisen. So legte der Zarensohn Michail Romanow den Grundstein. Nach 1897 zog es die Schweriner Großherzogin-Witwe Anastasia, Großfürstin von Russland, immer wieder dorthin. Der dänische König Christian X. und seine mecklenburgische Gemahlin Alexandrine waren regelmäßig Gäste, und 1904 verlobte sich

JAGDSCHLOSS GELBENSANDE
Architektonisches Kleinod in der Rostocker Heide

hier das preußisch-deutsche Kronprinzenpaar. Aber wer weiß schon, dass 1901 im Jagdschloss zu Gelbensande die Idee zu Gründung des Automobilclub AvD geboren worden ist.

Anfahrt

Am Rand der Rostocker Heide, auf halber Strecke zwischen Rostock und Ribnitz-Damgarten liegt Gelbensande direkt an der B 105, die gleichzeitig die Europastraße 22 ist.

Info

Jagdschloss Gelbensande, Am Schloss 1, 18182 Gelbensande, Fon oder Fax 03 82 01/ 4 75.

Hotel Pension Gutshaus Neu Wendorf, 18190 Sanitz, Fon 03 82 09/ 3 40, Fax 03 82 09/ 8 02 71. Ein Familienbetrieb mit persönlicher Atmosphäre. Ein Haus, das sich durch Stil und

Liebe zum Detail auszeichnet. Auch die Küche ist zu empfehlen.

Stadt-Information Ribnitz-Damgarten, Marktplatz 1, 18311 Ribnitz-Damgarten, Fon 0 38 21/ 22 01, Fax 0 38 21/ 89 47 50

Tipp

Nur 6 Kilometer von Gelbensande, schon am Ortsrand von Ribnitz-Damgarten, lohnt das Freilichtmuseum Klockenhagen einen Besuch. Die Anlage, die rund sieben Hektar umfasst, beinhaltet 14 Gebäude, die aus den unterschiedlichen Gegenden Mecklenburgs hierhin versetzt wurden. Es wird die Arbeits-, Wohn- und Lebensweise der Landbevölkerung vergangener Zeiten dargestellt. Geöffnet ist von April bis Oktober. Fon 0 38 21/ 27 75.

Ribnitz-Damgarten entstand erst 1950 aus der Vereinigung des mecklenburgischen Ortes Ribnitz mit dem vorpommerschen Damgarten. Die Recknitz, die beide Orte – jetzt Ortsteile – teilt, bildete einst die Grenze zwischen Mecklenburg und Pommern. Geschichtlich bedeutend ist das 1323 gestiftete Klarissenenkloster, das nach der Reformation zu einem adeligen Damenstift umgewandelt wurde. Die Ribnitzer Klosterkirche ist erhalten geblieben und birgt bis heute beachtliche mittelalterliche Bildwerke norddeutscher Herkunft.

Einen Einblick in die Naturgeschichte des Bernsteins erhält der Besucher des Bernsteinmuseums in Ribnitz-Damgarten, untergebracht im ehemaligen Dominahaus des Klarissenenklosters. Die Verarbeitung dieser "Tränen der Götter" wird in einer Schauvorführung demonstriert. Im Kloster 1–2, 18311 Ribnitz-Damgarten, Fon 0 38 21/ 29 31. Das Museum ist im ehemaligen Kloster des Klarissen-Ordens untergebracht. In der dazugehörenden Klosterkirche sind die wertvollen "Ribnitzer Madonnen" aus dem 14. Jahrhundert zu sehen.

20 GUT DALWITZ

In der landwirtschaftlich geprägten Region der Mecklenburgischen Schweiz haben sich nordöstlich von Güstrow viele Beispiele mecklenburgischer Gutsarchitektur erhalten. Eine Tour ausgehend von Dalwitz, 23 Kilometer nordöstlich von Güstrow, erschließt so vielgestaltige Anlagen wie die von Lühburg, Prebberede, Tellow und Rossewitz.

In der Gutsanlage Dalwitz spiegelt sich Landesgeschichte: Funde aus der Steinzeit belegen, dass schon in grauer Vorzeit der Ort besiedelt war. Erstmals urkundlich erwähnt wurde Dalwitz im Jahr 1235. Und seit 1379 hat hier die Familie v. Bassewitz einen ihrer Stammsitze. Die Zufahrt zur Gutsanlage durch das Torhaus (1726), das offenbar einen "Kunstimport"

GUT DALWITZ
Hier spiegelt sich Landesgeschichte

aus Schleswig-Holstein darstellt, gestaltet sich zu einem unerwarteten, im Grunde barocken Raumerlebnis. Scheinbar unmerklich reihen sich an den Längsseiten des Hofplatzes in historistischen Formen errichtete Wirtschaftbauten und lassen den Blick zu einem architektonischen Dekorationsstück gleiten, dem zierlichen Erker des tudorgotischen Seitenflügels (1855) vom Herrenhaus. Durch diesen gestalterischen Kunstgriff werden das wesentlich ältere Wohnhaus, das einer früheren Festungsanlage entstammt, und der vorgelagerte Gutshof optisch miteinander in Beziehung gesetzt und inhaltlich miteinander verknüpft.

In der kleinen Parkanlage findet sich ein Denkmal, das auf Veranlassung der musisch veranlagten Sabina v. Bassewitz (1717–1790) gesetzt wurde. "Eine Frau von großen und seltenen Talenten", so charakterisierten sie die Zeitgenossen. Sie beschäftigte sich mit Musik und der Philosophie eines Leibniz und Wolff, korrespondierte mit Spalding und Voltaire, so dass sie in den Reigen so genannter gelehrter Damen des ausgehenden 18. Jahrhunderts einzureihen ist.

LÜHBURG

Das inzwischen renovierte Lühburger Herrenhaus, 5 Kilometer nördlich von Dalwitz an der B 110 gelegen, gilt im Lande als frühes Beispiel eines dreiflügeligen Barockgebäudes (um 1720). Den Ehrenhof bilden zwei bescheidene, damals tangential an den älteren Hauptbau angesetzte Kavaliershäuser. Das Haupthaus wurde wiedererrichtet auf den Fundamenten der im 30-jährigen Krieg zerstörten Anlage. Der imposante, bis zu sechs Metern hohe und von einem breiten Graben umzogene Wall verrät den vormaligen Festungscharakter der Anlage. Wirtschaftbauten aus dem 19. Jahrhundert lassen die einstige Gutsstruktur deutlich erkennen.

Schloss Prebberede
Einmaliges Musikerlebnis “on air”

PREBBEREDE

Das 4 Kilometer südlich von Dalwitz gelegene, mittlerweile gleichfalls sanierte barocke Herrenhaus Prebberede (1772–78) entstand nach Plänen des Güstrower Baumeisters Sidon. Der ebenfalls sorgfältig restaurierte Festsaal weist bemerkenswerten Stuckdekor auf. In ihren wesentlichen Teilen blieb die Gutsanlage erhalten. Anfang des 19. Jahrhunderts entstand die einstige Gutsschmiede, ein rechteckiger Backsteinbau mit Zeltdach, dessen Vorlaube von Holzsäulen getragen wird. Die vormalige, in neogotischen Formen aufgeführte Gutskapelle (1861–62) erweist sich als Architekturzitat, folgt sie doch in freier Anlehnung dem mittelalterlichen Vorbild der Kapelle zu Doberan-Althof. Park und Festsaal öffnen sich zu musikalischen Veranstaltungen. Übernachtungsmöglichkeiten.

GUT TELLOW

Etwa 10 Kilometer südlich von Dalwitz liegt nahe der Bundesstraße 108 der kleine Ort Tellow.

Nordostdeutsche Agrargeschichte lässt sich hier, am einstigen Wirkungsort des weltweit anerkannten deutschen Nationalökonomen und Agrarwissenschaftlers Johann Heinrich v. Thünen (1783–1850) quasi vor Ort studieren. Das eher bescheidene Herrenhaus birgt ein informatives Museum und umfangreiche Archivalien, so beispielsweise die Bibliothek des Mecklenburgischen Patriotischen Vereins (1798–1934). Der gepflegte Landschaftspark mit einem interessanten Baumbestand wurde um 1810 nach Thünen-Ideen angelegt. Vom Park aus führen Wanderwege in die malerische Tellower Landschaft.

Die Gutsanlage, deren Baulichkeiten sich als ein historisch gewachsenes Ensemble darstellen, ist als Freilichtmuseum zugänglich. Die "Thünen-Kate" bietet attraktive Veranstaltungen und Beherbergung für Kinder und Jugendliche.

Die Gegend zwischen Güstrow, Teterow und Neu Heinde wird zuweilen als "agrarhistorisches Dreieck" bezeichnet. Nicht ganz zu Unrecht, denn in enger Nachbarschaft lebten und wirkten hier in der ersten Hälfte des 19. Jahrhunderts Agrarreformer, die in die Annalen mecklenburgischer Agrargeschichte eingegangen sind: neben v. Thünen der Graf v. Schlieffen auf Schlieffenberg und die Pogges auf Zierstorf und Roggow.

SCHLOSS ROSSEWITZ

Eine letzte Station der Tour rund um Dalwitz führt zum Schloss Rossewitz, etwa 15 Kilometer südwestlich von Dalwitz, einem frühen Beispiel für barocken Schlossbau in Mecklenburg-Vorpommern. Dieser außergewöhnliche "Kunstimport" (1657) stellt eine gesicherte Ruine dar und ist nur ausnahmsweise zugänglich. Das Gebäude entstand nach Dieussart-Plänen, freilich beeinflusst durch den Auftraggeber Joachim Heinrich v. Vieregge. Umgeben von Feldern und Wiesen entwickelt das Schloss einen unbeschreiblichen Charme. Dem Bautyp nach durch Genueser Stadtpaläste angeregt, zeigen Fassadengliederung und Baudekor holländische Züge. Den einstigen Festsaal zieren bauzeitliche, zu großen Teilen erhaltene illusionistische Architekturmalereien, die von italienischen Künstlern gefertigt sein sollen. Die historische Parkanlage ist stark überwachsen. Dem Lageplan von 1785 zufolge barg sie Staffagebauten sentimentalen Charakters.

Anfahrt

Dalwitz liegt gut 20 Kilometer nordöstlich von Güstrow. Um Dalwitz und die Gutsanlagen um Dalwitz zu erreichen, kann man leider auf ein Auto nicht verzichten, es sei denn, man benutzt ein Fahrrad. Dies ist angesichts der schönen, flachen Landschaft und der geringen Verkehrsdichte keine schlechte Art der Fortbewegung.

Info

Über Unterkunftsmöglichkeiten und das touristische Angebot in dem Gebiet um Dalwitz informiert die Stadtinformation Gnoien, Am Markt 11, 17179 Gnoien, Fon 03 99 71/ 1 21 29, Fax 03 99 71/ 1 20 85.

Hotel Gut Dalwitz, Lucy Gräfin v. Bassewitz, Dorfstr. 44, 17179 Dalwitz, Fon 03 99 72/ 5 14 40, Fax 03 99 72/ 5 12 63. Im renovierten Gutshaus kann man jetzt nach Gutsherrenart übernachten, im Verwalterhaus von 1855 werden Ferienwohnungen angeboten. Von anderen Gutshotels unterscheidet sich die Anlage in Dalwitz besonders dadurch, dass es tatsächlich Teil eines Gutes ist, soll heißen, die Feriengäste teilen sich Gut Dalwitz unter anderem mit über 1000 Rindern. Damit es nicht zu eng wird, stehen 700 Hektar Auslauf zur Verfügung. Ganz

Lühburg
Schlichtes Barockschloss mit alter Befestigungsanlage

dem Dienste an den Touristen sind die 70 Pferde und Ponys verpflichtet, schließlich hat man sich in Dalwitz auf Reiterferien – besonders auf solche für die ganze Familie – spezialisiert.

Im Hofrestaurant "La Remise" (nur in den Sommermonaten geöffnet) wird nicht nur Hausgästen, sondern auch hungrigen Ausflüglern ländliche Küche mit französischem Flair geboten.

Herrenhaus Samow, 17179 Samow, Fon 03 99 71/ 1 35 05, Fax 03 99 71/ 1 45 20, www.Herrenhaus-Samow.de.
Das klassizistische Herrenhaus verfügt über 6 komfortable und großzügige Ferienwohnungen, drei Gesellschaftsräume, Park und Terrasse.

Schloss Lühburg, Dorfstraße 11, 17179 Lühburg, Fon 03 99 72/ 59 11 10, Fax 03 99 72/ 59 11 28.
Das alte Wasserschloss birgt heute elf moderne Ferienwohnungen.

Schloss Prebberede bietet ebenfalls Übernachtungsmöglichkeiten, vier Ferienwohnungen und ein Doppelzimmer stehen zur Verfügung. Außerdem: Führungen nach Anmeldung, Historisches Museum und wechselnde Ausstellungen.
17168 Prebberede, Fon 03 99 76/ 5 09 85.

Thünen-Museum Tellow, 17168 Tellow, Fon 03 99 76/ 54 10. Im Gutshof wird über das Leben und Werk des Agrarreformers Johann Heinrich von Thünen informiert und die regionale Geschichte am Beispiel Tellow dargestellt. Daneben gibt es eine Ausstellung von landwirtschaftlichen Exponaten auf dem Freigelände und in den Gebäuden. Im Rahmen von Aktionstagen können die Besucher die unterschiedlichsten ländlichen Arbeiten hautnah erleben: Ob Schaupflügen oder Mühlstein-Schärfen, ob Buchweizenwaffeln auf dem alten Herd backen oder Ziegenkäse per Hand formen – der Städter staunt, und der Landwirt von heute wundert sich.

Thünen-Museum Tellow
Leben und Werk des Agrarreformers

Tipp

Das Restaurant Zum Thünenstall in Tellow, Fon und Fax 03 99 76/ 5 03 95, ist im Stil einer altdeutschen Stube eingerichtet. Bekannt ist das Lokal für seine ausgezeichneten Wildspezialitäten.

Das winzige Städtchen Gnoien, 10 Kilometer nordöstlich von Dalwitz, vermittelt idyllisch-kleinstädtischen Charme. Sehenswert: das prächtig bemalte Chorgewölbe und der Altar der gotischen Pfarrkirche St. Marien. Am Ortsrand liegt eine über hundert Jahre alte Holländer-Windmühle, in der sich heute eine Gaststätte befindet.

30 Kilometer nordöstlich von Dalwitz lockt in Bad Sülze das einzige Salzmuseum Mecklenburg-Vorpommerns Besucher, die sich neben Architekturgeschichte auch für Technikgeschichte interessieren. Das Museum informiert über die Geschichte der Salzgewinnung in Bad Sülze seit dem 13. Jahrhundert. Nach der Einstellung der Salzgewinnung wurden die hier vorkommenden Solequellen für Kur- und Badezwecke genutzt. Salzmuseum, Rosengarten 13, 18334 Bad Sülze, Fon 03 82 29/ 8 06 80.

Einen Abstecher ist auch Tribsees nahe Bad Sülze mit seinem mittelalterlich geprägten Stadtbild wert. Die Stadtkirche birgt einen prachtvollen Schnitzaltar aus dem 15. Jahrhundert mit seltenen szenischen Darstellungen.

Jährlich legt der Tourismusverband Mecklenburg-Vorpommern eine sehr schöne und informative Broschüre zu den Schlössern und Herrenhäusern mit Übernachtungsmöglichkeiten auf. Hier finden Sie alle aktuell gültigen Daten und Preise. Sie erhalten sie bei: TMV, Platz der Freundschaft 1, 18059 Rostock, Fon 0381/ 40 30 500, Fax 0381/ 40 30 555, www.Auf-nach-MV.de, info@Auf-nach-MV.de.

Burg Schlitz
Klassizistischer Herrensitz

21 BURG SCHLITZ/KARSTORF

Sollte es wirklich möglich sein, heute, noch dazu in Mecklenburg-Vorpommern, in die Welt der Goethezeit einzutauchen? Ja, hierzu lädt Burg Schlitz ein, das Herzstück der landschaftlich unvergleichlich reizvollen Mecklenburgischen Schweiz.

Wohl kaum einer anderen Generation war es gegeben, Stimmungsbilder landschaftsgestalterisch zu thematisieren. So entstand hier zwischen 1791 bis weit in die 1820er-Jahre eine Anlage, die in später Nachfolge des Dessau-Wörlitzer Gartenreiches steht und für den Nordosten etwas Einzigartiges darstellt. In enger Verbindung zur umgebenden Naturlandschaft sind Gutshof, klassizistischer Herrensitz – die 1812–22 errichtete Burg Schlitz – und der mehr als 80 Hektar große Park zu einem außergewöhnlichen Ensemble gefügt worden. Der etwas eigenwillige schlossartige Wohnbau, der in Teilen Architekturvorstellungen eines Heinrich Gentz atmet, ist vollständig renoviert worden. "Hospitibus amicis", so lautet eine alte Inschrift am Ostflügel, die aufs Neue gehobene Gastlichkeit verspricht.

Ein Gang durch den Park bleibt immer ein Erlebnis, zumal auch die Vielzahl der Denkmäler zum Nachsinnen anregt. Aufklärerische, sentimentale, romantisch-nationale, wohl auch freimaurerische Sinnbezüge lassen das Lebensbild des Grafen Hans v. Schlitz (1763–1831) erkennen, des Schöpfers dieser großartigen Gesamtanlage. Der aufmerksame Besucher wird feststellen, dass der Park sich aus mehreren Partien mit unterschiedlichen Gedankeninhalten zusammensetzt. Teile der Gutsflur sind einbezogen worden, ohne jedoch agrarische Nutzflächen zu vergeuden. In einer Senke fügen sich hainartig gruppierte Uralt-Eichen mit den Überresten einer mittelalterlichen Wasserburg zu einem Bild, das an lokale Traditionen vom Gutshof gemahnt. Am Hanggelände unterhalb vom Herrensitz erinnern am zeitgenössischen Beispiel der Napoleonischen Kriege Staffagearchitekturen an die Verquickung von Einzelschicksal und der im Überpersönlichen waltenden Weltgeschichte.

Burg Schlitz
Reizvoller Park mit Denkmälern

Nördlich der Burg Schlitz reihen sich weitere Parkpartien aneinander. Die unausgebaute Grablage (1825) verweist auf Tod und Ewigkeit. Es schließt sich eine Lichtung mit einer Gruppe von Denkmälern an, deren Lehrgehalt sich als Unterweisung an einen Adepten – hier unseren Grafen selbst – deuten lässt. Nachempfundene prähistorische Zeugnisse der "vaterländischen Geschichte" werden im nachfolgenden Halbdunkel einer natürlich belassenen Waldpartie vorgeführt. Ein abermaliger Szenenwechsel thematisiert mit den der Freundschaft und Zuneigung gewidmeten Malen die damalige Sehnsucht nach menschlicher Harmonie. Die recht differenzierten Gartenräume zeichnen sich durch weite Sichtbeziehungen aus. Ein als Lehrpfad zu deutender Erlebnisweg erschließt die einzelnen Partien als Abfolge von Szenen und Bildern. In dieser Stilistik deutet sich Charakteristisches der Gartenkunst der Zeit zwischen 1770 und 1790 an. Die Parkprogrammatik scheint die Auswahl von Edelgehölzen mit beeinflusst zu haben. Jedenfalls ist die Pflanzung der symbolträchtigen, inzwischen leider eingegangenen Libanonzeder auf besonderen Wunsch des Bauherrn erfolgt.

In die park- und landschaftsgestalterischen Absichten fügen sich auch solche Staffagearchitekturen ein, deren unübersehbare Zweckdienlichkeit von vornherein beabsichtigt war. Dazu zählen das kleine Ensemble des klassizistischen Gasthofes "Zum goldenen Frieden" (1820) mit Schmiede (1832) sowie die in zierlichen Neogotik-Formen errichtete Kapelle (1819–23), abgesehen von den ganz verschiedenartigen Ruhesitzen. Eine

Zutat des 20. Jahrhunderts stellt der 1903 von Walter Schott – ursprünglich für das Berliner Kaufhaus Wertheim – geschaffene Nymphenbrunnen dar.

Ein schöner Abschnitt des Radfernweges Mecklenburgische Seenplatte-Rügen führt in der Nähe der Burg Schlitz durch die malerische Landschaft der Mecklenburgischen Schweiz. Auf diesem Weg kann man von Bristow bis Neu Gaarz radeln und dabei neben dem Naturerleben quasi en passant einige weitere Schlösser und Herrenhäuser kennen lernen. Dass man auch mit dem Auto in die etwas abgelegenen Orte kommt, versteht sich von selbst, aber mit öffentlichen Verkehrsmitteln ist das nicht möglich.

BRISTOW

Die im Jahre 1597 geweihte Dorfkirche in Bristow, 5 Kilometer östlich der Burg Schlitz am Ufer des Malchiner Sees zählt zu den bemerkenswertesten Sakralbauten der deutschen Renaissance, zumal die reiche bauzeitliche Ausstattung erhalten blieb. Die künstlerisch hervorragende und handwerklich vorzüglich ausgeführte Gutsanlage entstand ab 1865 in Formen der so genannten Nordischen Renaissance. Im Detail sind die Architekturelemente abgeleitet von Schmuckformen des Ostgiebels der Dorfkirche. Am Dorfteich entdeckt der Architekturfreund einen Kleinviehstall, dessen runde Bauform eine spielerische Reminiszenz an das römische Hadrians-Mausoleum darstellt.

Ein Ausflug zum ebenfalls nahe des Malchiner Sees gelegenen Ort Schorssow, nur 3 Kilometer von Burg Schlitz, lohnt wegen des dortigen Schlosses.

SCHORSSOW
Klassizistisch überformter Dreiflügelbau

SCHORSSOW

Inmitten der Mecklenburgischen Schweiz, eingebettet in eine einzigartige Landschaft, liegt dieses Schloss am Ufer des Haussees, eines im Vergleich zum Malchiner See verschwindend winzigen Gewässers. Das stattliche Bauwerk gibt sich als Dreiflügelanlage zu erkennen und mag um 1730–40 entstanden sein. Aus dieser Zeit könnten die reich verzierten schmiedeeisernen Gitter stammen. Seine jetzige Gestalt erhielt das Gebäude aber beim Umbau von 1808–12. Das sorgfältig restaurierte Architekturmotiv der Blendarkaden deutet auf den Einfluss der Berliner Bauschule. Ein großer Landschaftspark umrahmt das Schloss und zieht sich am südlichen Seeufer bis zum Kirchberg hin, wo die Ruine einer bereits 1520 zerstörten Kirche zu entdecken ist.

BLÜCHERHOF

14 Kilometer südlich von Burg Schlitz liegt Blücherhof, ein Ortsteil von Klocksin, wegen seines Herrenhauses und des Dendrologischen Gartens einen Ausflug wert. Das neobarocke Herrenhaus weist Elemente russischer Folklorearchitektur auf (nur beim Mittelrisalit erhalten) und wird vom vorgelagerten Gutshof durch kunstvolle Portale in Rokokoart und ein Torhaus separiert. Die Wirtschaftsbauten, die barockisierende Formen und Jugendstilelemente aufweisen, vervollständigen dieses bemerkenswerte Gutsensemble, das seit 1904 im Auftrag des in St. Petersburg geborenen Privatgelehrten Alexander Koenig († 1940) nach Plänen des Berliner Architekten Gustav Holland ausgeführt wurde.

Der dendrologisch interessierte Bauherr ließ den Gutspark zu einer Art Arboretum umgestalten. Die als Solitäre oder in Gruppen gepflanzten exotischen Baumarten verleihen der Anlage ungewöhnliche ästhetische Reize. Übrigens, die zoologische Koenig-Sammlung befindet sich in dem ab 1912 eigens hierfür errichteten Bonner Museum.

BLÜCHERHOF
Neobarockes Herrenhaus

DOMÄNE NEU GAARZ

Noch etwas weiter südlich gelangt man zur Domäne Neu Gaarz. Hier regiert stilvolle Lebensfreude, das verspricht schon das Hauswappen, eine Bacchusmaske – freilich der besonderen Art, denn die eigenwillige Ausstattung und anregende Kunstausstellungen haben schon etwas Faszinierendes an sich. Also eine Überraschung. Und Gäste sind stets willkommen. Das Herrenhaus, ein um 1880 auf älterer Grundlage errichteter Putzbau mit vergiebeltem Mittelrisalit, nimmt sich gediegen aus. Die ausgewogenen Proportionen deuten auf klassizistische Baugesinnung. Das ist nicht ungewöhnlich, denn bei einfachen Nutzbauten sollte sie in der zweiten Hälfte des 19. Jahrhunderts durchaus noch nachwirken.

Anfahrt

Burg Schlitz erhebt sich gut sichtbar über die Bundesstraße 108, 10 Kilometer südlich von Teterow. Zur Orientierung kann auch der nur 3 Kilometer östlich gelegene Malchiner See dienen, an dessen Ufer auch die Orte Bristow und Schorssow liegen.

Info

Schlosshotel Burg Schlitz, 17166 Hohen Demzin, Fon 0 39 96/ 12 70 0, Fax 0 39 96/ 12 70 70. Von den in jüngster Zeit eröffneten Schlosshotels ist Burg Schlitz sicher das luxuriöseste. Teuer, aber dafür sind die vor die Tür gestellten Schuhe am nächsten Morgen auch perfekt geputzt und blank gewienert. www.burg-schlitz.de

Hotel Schloss Schorssow, An der Landstraße, 17166 Schorssow, Fon 03 99 33/ 7 90, Fax 03 99 33/ 7 91 00. Alle Zimmer unterscheiden sich in Größe, Lage und Ausblick. Für eine Bootspartie auf dem Haussee stehen Ruderboote zur Verfügung.

Hotel Domäne Neu Gaarz, Dr. Ursula Eisel, 17194 Neu Gaarz, Fon und Fax 03 99 29/ 7 02 55. Im Alten Gutshaus von Neu Gaarz kocht die Hausherrin persönlich für ihre Gäste, allerdings nur nach Anmeldung. Sie bereitet die für die Region typischen Gerichte; dazu werden vorzügliche Weine aus dem Weinkeller angeboten. www.domaene-neu-gaarz.de

Tourist-Information Teterow, Mühlenstraße 1, 17166 Teterow, Fon 0 39 96/ 17 20 28, Fax 0 39 96/ 18 77 95.

Tipp

Der 97 Meter hohe Röthelberg in Sichtweite der Burg Schlitz ist ein idealer Aussichtspunkt über die malerische hügel- und waldreiche Landschaft. Hier soll übrigens zum ersten Mal der Begriff "Mecklenburgische Schweiz" gefallen sein. Graf von Schlitz habe von seinen Wanderungen in den Schweizer Bergen geschwärmt und sie mit seiner Heimat verglichen.

Einen schönen Ausblick über die Mecklenburger Schweiz bietet auch der Turm auf dem Südgipfel der 90 Meter hohen Heidberge bei Teterow auf der Burgwallinsel im Teterower See.

Teterow ist ein etwas verschlafenes, gleichwohl liebenswertes Städtchen am Ufer des gleichnamigen Sees. Ein Bummel durch Teterow sollte einen Blick auf die beiden spätgotischen Tortürme in der Rostocker und der Malchiner Straße sowie einen Besuch der Pfarrkirche St. Peter und Paul mit den fast 650 Jahre alten Gewölbemalereien und einem vierflügeligen spätgotischen Schnitzaltar einschließen. Das im Malchiner Tor und dem angrenzenden Torschreiberhaus untergebrachte Stadtmuseum, Südliche Ringstraße 1, Fon 0 39 96/ 17 28 27, dokumentiert die Geschichte der Stadt. Besonderes Interesse finden die original erhaltenen Gefängniszellen.

Auf der Burgwallinsel im Teterower See, die durch eine 750 Meter lange Bohlenbrücke mit dem Festland verbunden war, stößt man auf die Reste einer slawischen Fliehburg. Die Ringwall-Anlage gehört zu den am besten erhaltenen in Mecklenburg-Vorpommern.

Eine idyllische Unterkunft bietet die Pension Wendenkrug, Auf der Burgwallinsel, Fon 0 39 96/ 1 28 40, mit hauseigener Badestelle und Bootverleih. Auch ein Restaurant betreibt der Wendenkrug.

Schlosshotel Burg Schlitz

Auf einer bewaldeten Anhöhe der Mecklenburgischen Schweiz thront stolz die von 1806–1823 erbaute Burg Schlitz. Sie ist ein bedeutendes klassizistisches Schlosshotel mit 20 Zimmern und Suiten und vermittelt den Gästen „Leben auf dem Schloss“. Jedes der Zimmer und Suiten hat einen eigenen Charakter. Im Rittersaal – mit seiner barocken Kuppel – befindet sich das Schlossrestaurant. Darüber hinaus verfügt Burg Schlitz über ein Café, eine Bar sowie großzügige Räume für Konferenzen und festliche Bankette. Beliebt bei den Gästen sind die zahlreichen Konzerte und Lesungen. Fahrrad fahren, Picknicken, Grillen, Wandern und Saunen, Transfers von Flughäfen und Bahnhöfen, Hochzeiten in der hauseigenen Karolinenkapelle bis ca. 65 Personen, Veranstaltungen, Arrangements und Konzerte u. a. Festspiele Mecklenburg-Vorpommern.

Schlosshotel Burg Schlitz
17166 Hohen Demzin
Tel. 0 39 96/ 12 70–0, Fax 0 39 96/ 12 70 70
www.Burg-Schlitz.de info@burg-schlitz.de

22 ULRICHSHUSEN

Bis zu dem drei Tage währenden Brand 1987 zählte dieses bedeutsame, aus der zweiten Hälfte des 16. Jahrhunderts stammende Renaissanceschloss zu den wenigen Festen Häusern Mecklenburgs. Ohne wesentliche spätere Veränderungen hatte es bis zur Gegenwart sein Doppelantlitz von wehrhafter Befestigung und repräsentativem Herrensitz bewahren können.

Schloss Ulrichshusen besteht aus dem Haupthaus, dem hofseitig der markante Treppenturm sowie ein Seitenflügel mit angefügtem Torhaus und Zwinger zugeordnet sind. Der dreigeschossige, giebelversehene Kernbau ist im Erdgeschoss in ungemein sorgfältig bearbeiteten Granitquadern ausgeführt, in den oberen Stockwerken in Backsteinbauweise.

Ungeachtet der schweren Brandschäden ist Ulrichshusen aber nicht verloren. Denn ein später Nachfahre des Schloss-Bauherren Ulrich v. Maltzan († 1571) realisiert hier seit einigen Jahren ein weitreichendes Konzept, dieses architektonische Kleinod, ja das ganze einstige Gutsdorf kulturell und touristisch zu erschließen. Aus der ruinösen großen Feldsteinscheune entstand eine Konzerthalle, die inzwischen bei den sommerlichen Musikfestspielen eine erste Adresse darstellt. Das Schloss war nach dem Brand zum Trümmerhaufen verkommen. Gut 900 Tonnen Schutt mussten beiseite geräumt werden, ehe an eine Rekonstruktion zu denken war. Der Wiederaufbau schritt zügig voran. Augenmerk gebührt dem sorgfältig restaurierten Ostgiebel vom Torhaus. Die profilierten Putzgesimse, Pilaster gliederungen, das plastische Beiwerk und die nach Befund erneuerte florale Ornamentik unterhalb vom Giebelaufsatz vermitteln Vorstellungen davon, wie dieser Gebäudeteil im 16. Jahrhundert einmal ausgesehen haben mag.

Schloss Ulrichshusen
Das Renaissanceschloss brannte 1987 aus

Anfahrt

Ulrichshusen ist idyllisch am eigenen See gelegen, etwa 4 Kilometer südlich des Malchiner Sees, im Herzen der Mecklenburgischen Schweiz zwischen Waren und Teterow, am eigenen See. Autobahnabfahrt Waren oder Linstow.

Info

Die nächstgrößeren Orte von Ulrichshusen sind Teterow, Malchin und Waren, zu denen sich Informationen und Hinweise unter Burg Schlitz (21) und Basedow (23) finden.

Informationen zu Waren und der Müritz gibt es bei Müritz-Information Waren, Neuer Markt 21, 17192 Waren, Fon 039 91/ 66 61 83, Fax 0 39 91 / 66 43 30.

Hotel Schloss Ulrichshusen, 17194 Ulrichshusen, Fon 03 99 53/ 79 00, Fax 03 99 53/ 7 90 99.
www.gut-ulrichshusen.de

Das Hotel bietet Unterkunft in großzügig ausgebauten Gästezimmern im Schloss und Bewirtung im Restaurant. Ideal für Events und Hochzeiten. Ländliche Küche aus eigenem ökologischem Gutsbetrieb. Direkt am See liegt das "Haus am See" mit drei großen, voll ausgestatteten Ferienwohnungen. Reiten, Segeln, Jagd möglich. Fragen Sie nach geräucherten Aalen und Forellen.

Festspiele Mecklenburg-Vorpommern, Graf-Schack-Allee 11, 19053 Schwerin, Fon 03 85/ 5 91 85 85, Fax 03 85/ 591 85 86. www.festspiele-mv.de, E-Mail: service@festspiele-mv.de

Kaufen Sie ein Schloss! www.gfw-mv.de/schloss/
Ihr Ansprechpartner: Gesellschaft für Wirtschaftsförderung Mecklenburg-Vorpommern GmbH

Schloss Basedow
Ein großartiges Ensemble

23 SCHLOSS BASEDOW

Unter den norddeutschen Gutsanlagen steht der alte v. Hahnsche Stammsitz (1337–1945) einmalig da. Was selbst heute noch wie eine Art Residenz en miniature imponiert, stellt tatsächlich ein großartiges, wenngleich gefährdetes Kunstwerk von Rang dar. Die ensembleartige Zuordnung von Schlossbezirk mit Parkanlage, Gutsdorf und Kirchenbau, Marstall und großartigem Wirtschaftsbereich setzt nicht nur ein hohes künstlerisches Einfühlungsvermögen, sondern auch fundierte agrarwissenschaftlich-technische Kenntnisse voraus.

Beides war durch die kongeniale Zusammenarbeit von Stüler und Lenné gewährleistet. Die erhaltenen, auf 1835 datierten Lenné-Pläne lassen Rückschlüsse auf den Umfang der gärtnerischen Arbeiten zu. So entstand damals nahe dem Schloss ein Blumengarten, wurden der Park und weite Gutsfluren landschaftsgestalterisch bearbeitet. Mit dem Schloss als Brennpunkt strahlen Sichtachsen aus, die das Raumgefüge vom Park mit der freien Landschaft eins werden lassen, ohne etwa landwirtschaftliche Nutzflächen zu verschwenden. In dieses feinsinnige System finden sich Marstall wie auch der als Försterei bezeichnete Staffagebau als gestalterische Elemente einbezogen.

Seit 1989 laufen Bemühungen, die wichtigsten Strukturen des Lenné-Parks herauszuarbeiten. Das Schloss selber, eine unregelmäßige Dreiflügelanlage, blickt auf eine komplizierte, nicht völlig geklärte Baugeschichte zurück. Angelegt über den Resten einer mittelalterlichen Burg, datieren die ältesten erhaltenen Bauteile von 1552. Weitere Ausbauten erstrecken sich bis ins 19. Jahrhundert. Damals, um 1837, wurden nach Stüler-Plänen das – 1945 zerstörte – Torhaus in tudorgotischen Formen sowie der kastellartig anmutende Südwestflügel errichtet. Dieser brannte später ab und wurde 1891 nach Entwürfen von Richard Haupt in prunkvoller Neorenaissance-Architektur wieder aufgebaut. Auch der terrakottageschmückte Orangeriebau entstand damals. Der gewaltige Marstall, eine vierflügelige Anlage mit Reithalle, lässt den klassizistischen Formenapparat der Berliner Bauschule spüren (um 1850). Ebenfalls aus der Mitte des 19. Jahrhunderts stammen die übrigen Wohn-, Wirtschafts- und Verwaltungsbauten.

Die in ihren ältesten Teilen über 700 Jahre alte Dorfkirche wurde 1855–57 restauriert. Sie birgt eine Ausstattung von großer Qualität, die vornehmlich im 16. und 17. Jahrhundert entstanden ist: Sandsteinepitaphien, die wohl aus der Güstrower Brandin-Werkstatt stammen, sowie der aufwendige Renaissancealtar. Als besondere Kostbarkeit muss die Orgel von 1680 hervorgehoben werden, ein original erhaltenes, sorgfältig restauriertes Werk von Samuel Gerke und Heinrich Herbst.

GUT REMPLIN

Etwa 10 Kilometer nördlich von Basedow und 5 Kilometer westlich von Malchin kommen Freunde historischer Gutsanlagen in dem an der B 104 gelegenen Ort Remplin auf ihre Kosten. Trotz späterer Einbußen darf diese immer noch imposante Gutsanlage nicht unerwähnt bleiben. Bei der Brandkatastrophe von 1940 konnte nur ein Überrest des Schlosses bewahrt werden. Die barocke Dreiflügelanlage aus dem 18. Jahrhundert war 1865–66 nach Hitzig-Plänen eingreifend umgestaltet worden. Vom 200 Jahre alten Gutshof blieben die vormalige, dem Zentralbaugedanken folgende Kapelle, der repräsentative Torturm, das Gasthaus und einige Wirtschaftsgebäude erhalten.

Der etwa acht Hektar große Park zählt im Lande zu den größeren barocken Gartenanlagen. Sie wurde auch unter Lenné nur vorsichtig überarbeitet (1851). Im südöstlichen Parkbereich findet sich etwas Besonderes: die 1793 errichtete Sternwarte, die nun nach jahrelanger Verwahrlosung schrittweise gesichert wird. Einer der früheren Rempliner Herren, der hochgebildete und sozial engagierte Graf Friedrich v. Hahn († 1805) hatte sie anlegen lassen. Hier entdeckte er jenen ab 1834 "Ringgebirge Hahn" genannten Mondkrater. Als Wissenschaftler stand er in regem Gedankenaustausch mit Herder und Bode, wurde von Moses Mendelssohn geschätzt, war Kunstsammler und zählte zu den führenden Landwirten seiner Zeit. Sein Sohn Karl († 1857), der berühmte "Theatergraf", veranstaltete in Remplin spektakuläre Aufführungen, zu denen er sogar den berühmten Schauspieler Iffland gewinnen konnte. Zu den exklusivsten Gästen zählte die preußische Königin Luise.

KUMMEROW

Am Südufer des Kummerower Sees liegt, 15 Kilometer nördlich von Basedow beziehungsweise 5 Kilometer nördlich von Malchin, der idyllische Ort Kummerow , der von einer großartigen Schlossanlage dominiert wird. Doch die umfangreiche Barockanlage von 1733 fristet ihr Dasein. Stellvertretend für viele andere Beispiele zeigt sie die Problematik von Nutzung und Erhaltung solcher Bauwerke. Noch überzeugt das vielgliedrige Ensemble durch relative Geschlossenheit. Unter Wahrung strenger Symmetrie erfährt das Hauptgebäude eine optische Steigerung durch seitlich angereihte Pavillonbauten mit dazwischen liegenden Verbindungstrakten. Das Schlossinnere ist durch ein aufwendiges Treppenhaus und einige festlich stuckierte Räume ausgezeichnet, unter denen insbesondere der einstige Festsaal hervorsticht. Den Hofraum begrenzen zeitgleiche, ursprünglich auf Ensemblewirkung abzielende Wirtschaftsbauten.

Eine ausgedehnte Parkanlage leitet über zum Kummerower See, der zusammen mit seiner Umgebung zu den landschaftlich reizvollsten Gegenden des Landes zählt.

Unbedingt sehenswert ist die mittelalterliche Dorfkirche mit reicher barocker Innenausstattung. Einer Urkunde gleich bewahren die Wappen an Grabsteinen und Sarkophagen sowie an der einstigen Patronatsloge die Erinnerung an das hier bis 1945 ansässige Geschlecht derer v. Maltzan.

Anfahrt

Basedow liegt 8 Kilometer südlich von Malchin nahe am Malchiner See. Die Deutsche Alleenstraße führt am Ort vorbei. Auch durch Malchin und durch Kummerow geht diese malerische Straße, die hier zugleich ein Abschnitt des bereits erwähnten Radfernweges Mecklenburgische Seenplatte-Rügen ist.

Info

Tourismusverband Mecklenburgische Schweiz, Am Bahnhof, 17139 Malchin, Fon 0 39 94/ 22 47 55/ 57, Fax 0 39 94/ 22 47 56.

Stadtinformation Malchin, Am Markt 1, 17139 Malchin, Fon 0 39 94/ 64 01 11, Fax 0 39 94/ 64 01 23.

Tipp

Als bemerkenswertes Architekturdenkmal in Malchin hat die Stadtkirche das Kriegsende von 1945, in denen das Stadtzentrum Malchins größtenteils dem Erdboden gleichgemacht wurde, überstanden. Die dreischiffige gotische Backsteinbasilika empfängt den Besucher gleichsam wie eine Kathedrale: Große hohe Fenster im Chor und ein schönes Sterngewölbe im Schiff schaffen ein erhabenes Raumgefühl. Als nennenswertes Kunstwerk gilt der kostbare spätgotische Schnitzaltar. Einen Blick wert sind in Malchin außerdem die Reste der Stadtbefestigung, das Kalensche Vortor und das Steintor. Auch das Rathaus sei als ein Objekt von architekturgeschichtlicher Bedeutung erwähnt.

KUMMEROW
Barockanlage von 1733

GUT REMPLIN
Erhaltener Torturm

Falkenløwe

pezialist für Traditions-Baustoffe

t 35 Jahren haben wir uns auf dem deutschen Markt als Spezialist für Traditions-Baustoffe
en Namen gemacht. Unsere Produkte kommen in der Altbausanierung, bei Renovierungs-
Neubauprojekten zum Einsatz.
erenzen: Schloss Köpenick, Georgenkirche Wismar, Kloster Chorin, Kloster Lehnin

Ziegelprodukte

Echte handgemachte, luftgetrocknete, kohlegebrannte

- Klostersteine
- Formsteine
- Dach- und Firstziegel
- Fußbodenziegel

Alle Ziegelprodukte kommen aus unserer Ziegelei Sindal Specialtegl (Dänemark). Wie zu alten Zeiten werden die Steine in Holzformen mit der Hand gedruckt oder handmodelliert. Unsere Ziegelei ist die einzige Dänemarks, die nach der Lufttrocknung mit Kohle in altem historischem Ringofen brennt. Dadurch können wir fast jede

- Form
- Farbe
- Größe
- Struktur

nach Ihren individuellen Anforderungen liefern. Die Produkte stehen immer in vollem Einklang mit der bestehenden Bausubstanz und können für Bauten ab dem 11. Jahrhundert eingesetzt werden.

Kalk- und Mörtelprodukte

für die stilgerechte Verarbeitung der Steine

- Sumpfkalk 3-, 6-, 9- oder 15-jährig gelagert
- Kirchenmörtel,
  auf 3-jährigem Sumpfkalk aufgebaut (Nassmörtel)
- Kalksinterwasser,
  auf 6-jährigem Sumpfkalk produziert
- Muschelschalen, zerkleinert, für Muschelkalkmörtel
- Hydraulischer Kalk – ohne Zementanteile
- Erdfarben

Unser Kalk- und Mörtelprogramm ist unseren Ziegeln genau angepasst. Bei Renovierung von Gewölben in Schlössern, Kirchen und Herrenhäusern produziert Falkenløwe speziell hergestellte Steine und Mörtel, so wie z. B. in der Georgenkirche und in der Marienkirche in Wismar. Weiter können wir anbieten: Pflasterklinker, Spezial – nach DIN 18503 (mit oder ohne Fase)
Gelb, rosé, bunt – in klassischen Formaten
Pflegeprodukte für Bodenbeläge
Fordern Sie unsere ausführlichen Informationen an.

Fa. Falkenløwe, Løntoft 9
DK-6400 Sønderborg
Tel. 00 45/ 74 48 54 38
Fax 00 45/ 74 48 67 22
www.falkenloewe.com
falkenloewe@vip.cybercity.dk

24 KLOSTER- UND SCHLOSSANLAGE DARGUN

Nur noch eine Ruine ist das Schloss Dargun. Für Freunde der mecklenburgischen Architekturgeschichte ist sie wegen ihrer ebenso langen wie bewegten Vergangenheit, die der Kenner bis heute an den baulichen Überresten ablesen kann, gleichwohl ein begehrtes Ausflugsziel.

Im Jahre 1171 ließen sich in Dargun Zisterziensermönche aus dem dänischen Esrom nieder. Das wohl 1199 zerstörte Kloster wurde 1209 von Doberan aus erneut besetzt. Bereits 1270 war die Klosterkirche vollendet, deren Langhaus noch viele spätromanische Gestaltungselemente erkennen lässt. Die aufwendige Ostpartie entstand 1464–79 in Anlehnung an das Doberaner Vorbild.

Das an der Nordseite der Kirche gelegene Klostergeviert ließen die mecklenburgischen Herzöge nach der Säkularisation (1552) schrittweise zu einer repräsentativen Nebenresidenz ausbauen. So wurden die Flügel nicht nur aufgestockt, sondern erhielten auch eine neue Fassadengliederung, so die markanten Ecktürme und den gekonnt eingefügten Mittelrisalit. Die hofseitigen Arkaden steigerten das Architekturerlebnis. Von der wertvollen Innenausstattung haben sich Spuren der Stuckaturen und ein später ins Schweriner Schloss verbrachter Prunkkamin erhalten. Auf den namhaften Architekten Charles Philippe Dieussart geht die undatierte Projektion des Südflügels zurück. Nach dem Erlöschen der Güstrower Herzogslinie 1695 diente das Schloss noch eine Zeit lang als Witwensitz und war damals ein Zentrum des Pietismus in Mecklenburg.

Bei Kriegsende 1945 brannte der Gebäudekomplex vollständig aus und verkam. Die inzwischen gesicherte Ruine ist bei Führungen zugänglich.

Die sorgsam gepflegten Überreste eines im 17. Jahrhundert angelegten Lustgartens und die verschiedenen Bauzeugen klösterlicher Vergangenheit unterstreichen die kunstgeschichtliche Bedeutung Darguns.

Schlossanlage Dargun
Große klösterlicher Vergangenheit

Kloster- und
Schlossanlage Dargun
Im Lustgarten

25 IVENACK

Die großartige Raumordnung des Ortes, dessen Anfänge in einem 1252 gegründeten Nonnenkloster wurzeln, zählt in Mecklenburg-Vorpommern zu den ganz herausragenden Beispielen einer architektonisch wie kompositorisch anspruchsvollen Gutsanlage aus dem 18., beginnenden 19. Jahrhundert.

Der mehrteilige Schlosskomplex besteht aus dem herrschaftlichen Wohngebäude, welchem Dorfkirche, Marstall, Orangerie, Teehaus und Försterei ensembleartig zugeordnet sind. Das Pfarrhaus vermittelt zur Katenzeile, die feldseitig durch eine in Resten erhaltene Torsituation begrenzt wird. Der eigentliche Gutshof ist zwar in das Ortsgefüge eingeschlossen, vom Schlossareal aber räumlich abgesetzt.

Um 1800 entstand unter Einbeziehung barocker Gartenelemente ein weitläufiger englischer Landschaftspark. Seine große Attraktion stellen die weit über tausendjährigen Eichen dar, mit die ältesten ihrer Art in Deutschland. Zu den damaligen gärtnerischen Arbeiten zählt offenbar auch das Einrichten eines neuen Dorffriedhofs am Rande der einstigen Ortszufahrt. Kulturgeschichtlich ist dies bemerkenswert, denn die Verlegung von Begräbnisstätten ins Weichbild von Ortschaften, die aufklärerischen Maximen folgte, setzte sich damals in den Städten erst allmählich durch und ist auf dem Lande eher die Ausnahme geblieben.

Das mehrfach überarbeitete barocke Schloss erhebt sich über den Fundamenten des alten Klosters. Gleiches trifft für die im Kern mittelalterliche, zuletzt 1867–68 umgebaute Dorfkirche zu. Orangerie und Teehaus entstanden Mitte des 18. Jahrhunderts in verhaltenen Barockformen. Auch der halbkreisförmige Marstall wurde damals errichtet. Um 1800 war das Ivenacker Gestüt berühmt für seine mecklenburgische Vollblutzucht. Der legendäre Hengst Herodot stand hier einst.

Im Gebiet südlich von Stavenhagen bieten die kleinen Orte Zettemin, Kittendorf, Varchentin und Groß Plasten dem Architekturinteressierten die Möglichkeit eines lohnenden Ausflugs.

Anfahrt

Ivenack liegt nur 4 Kilometer nordöstlich der Reuterstadt Stavenhagen, zu der die Bundesstraßen 104 und 194 führen. Stavenhagen ist an das Regionalbahnnetz (Strecke Güstrow - Neubrandenburg) angeschlossen. Vom Bahnhof Stavenhagen aus erreicht man auf einem Fußweg durch den Park das Schloss und den Ort Ivenack mühelos.

Info

Tourist-Information Reuterstadt Stavenhagen, Schloss 1, 17153 Stavenhagen, Fon 03 99 54/ 2 83 50,
Fax 03 99 54/ 2 83 17.

Stavenhagen trägt stolz seinen Titel Reuterstadt. Erinnert werden soll damit an den großen Mecklenburger Schriftsteller Fritz Reuter (1810–1874). Das Fritz-Reuter-Literaturmuseum, im Elternhaus des niederdeutschen Dichters untergebracht, bewahrt eine umfangreiche Sammlung Reuterscher Handschriften und Dokumente seiner Zeit. 17153 Stavenhagen, Markt 1, Fon 03 99 54/ 2 10 72.

IVENACK
Das Schloss über den Fundamenten eines alten Klosters

KITTENDORF
Die kleinere "Schwester" von Schloss Babelsberg

ZETTEMIN

In Zettemin etwa 8 Kilometer von Stavenhagen sollte man einen ersten Stopp einlegen. Wegen ihrer auffälligen Grundrissform findet die dortige, Mitte des 18. Jahrhunderts entstandene Barockanlage immer wieder Erwähnung. Der streng symmetrisch angelegte Backsteinkomplex besteht aus einem zweigeschossigen Haupttrakt, an den sich seitlich viertelkreisförmige, später teilweise veränderte, niedrigere Nebenflügel anschließen. Die in Resten erhaltene Parkanlage mag einst durch Lenné beeinflusst worden sein. Die urtümliche mittelalterliche Dorfkirche birgt eine Rarität: die 1780 von Matthias Friese († 1786) gebaute, inzwischen sorgfältig restaurierte Orgel. Friese gilt als der Urvater einer Familie, die den mecklenburgischen Orgelbau des 19. Jahrhunderts wesentlich mitbestimmt hat.

KITTENDORF

Im Nachbarort Kittendorf stößt man auf einen malerisch gelegenen Landsitz (1848–53), dessen stilistische Verwandtschaft mit dem Königlichen Schloss Babelsberg bei Potsdam frappierend ist. Beide Bauwerke lassen sich mit dem Schaffen des bekannten Berliner Architekten Friedrich Hitzig in Verbindung bringen. In tudorgotischen Formen errichtet, überzeugt der bewegte Baukörper durch seine dennoch ausgewogene Massenverteilung – typisch für die Architekturgesinnung vor allem der Schinkelschüler. Sorgfältig restaurierte Innenräume lassen Lebenskultur des 19. Jahrhunderts erahnen. Dazu zählen vornehmlich die Eingangshalle und der oktogonale, reich stuckierte Speisesaal sowie die Bibliothek, der fraglos schönste Raum des Gebäudes.

Zum ausgedehnten Landschaftspark vermitteln Terrassen- und Treppenanlagen an der Südseite des Schlosses. Unbedingt sehenswert ist übrigens die frühgotische Dorfkirche. Sie birgt neben ihrer wertvollen, um 1600 gearbeiteten Ausstattung eine der ältesten Glocken des Landes (1288).

VARCHENTIN

Die nächste Station ist Varchentin, 5 Kilometer südlich von Kittendorf – oder 12 Kilometer von Stavenhagen und 15 von Ivenack. Nach vielfachem Wechsel gelangte dieser erstmals 1333 erwähnte Ort im Jahre 1836 an den Hamburger Kaufmann Gottlieb Jenisch († 1857). Schon frühzeitig war an eine großzügige Neuordnung des Besitzes gedacht worden, die hohen agrartechnischen wie künstlerischen Ansprüchen genügen sollte. Auf 1838 ist Lennés Gartenplan datiert, und bereits 1847 war der von August de Meuron projektierte Wohnsitz erbaut. Eine behäbige Zufahrt führt auf das Schloss, einen weitläufigen Komplex von ausgewogen gruppierten Trakten, Türmen sowie Treppen- und Terrassenanlagen. Die kompakte Körperlichkeit der Bauglieder mag auf das Vorbild normannischer Paläste hindeuten. Der hinter dem Schlossbau weich abfallende Hang zum See und die leicht bewegte, nur allmählich verklingende natürliche Landschaft boten für die einfühlsame Kunst Lennés ideale Voraussetzungen. So entstand ein sorgfältig ausgeführter Landschaftspark, der thematisch an Vergleichbares im nur wenig älteren Babelsberger Park erinnert.

GROSS PLASTEN

Den südlichsten Ort der Tour durch das Gebiet der Mecklenburgischen Schweiz südlich von Stavenhagen bildet Groß Plasten, 3 Kilometer von Varchentin.

In der Stille der mecklenburgischen Landschaft entfaltet auch dieses schlossartige Anwesen Reize eigener Art. Im Kern mag die Gebäudegruppierung noch aus dem 18. Jahrhundert stammen, ist aber nach 1900 um den stattlichen Flügelanbau erweitert und in sparsamen neobarocken Formen vereinheitlicht worden. Ein kleiner Park geht unmerklich in die freie Landschaft über. Erstmals erwähnt wurde der Ort schon im Jahre 1284. Die ausgedehnte Gutsanlage sollte eines Blickes gewürdigt werden, ebenso die Dorfkirche, ein historistischer Zentralbau (1901).

Anfahrt

Dargun liegt im Herzen der Mecklenburgischen Schweiz, 70 Kilometer südlich von Stralsund und damit noch nördlich des Kummerower Sees. Die Bundesstraße 110 führt durch den Ort.

Nächstgrößerer Ort ist das 13 Kilometer östlich, gleichfalls an der B 110 gelegene Demmin.

Schloss Gross Plasten
Neobarockes, 1995 liebevoll saniertes Gebäude

Schloss Wendorf
Ehemaliges Gutshaus im Tudorstil aus dem 19. Jahrhundert

Info

Information zu den Führungen durch die Kloster- und Schlossanlage Dargun durch Stadtinfo Dargun, Fon 03 99 59/ 2 23 81.

Stadtinformatiom Demmin, Am Bahnhof, 17109 Demmin, Fon und Fax 0 39 98/ 22 50 77.

Hotel Schloss Kittendorf, 17153 Kittendorf, Fon 0 39 9 55/ 5 00, Fax 03 99 55/ 5 01 40. Kittendorf wurde schon 1995 nach aufwendiger Rekonstruktion als Schlosshotel eröffnet, gehört also schon fast zu den Traditionsbetrieben dieser Boombranche.

Hotel Schloss Groß Plasten, Dorfstraße 43, 17192 Groß Plasten, Fon 03 99 34/ 80 20, Fax 03 99 34/ 8 02 99. Auch Groß Plasten ist längst kein Geheimtipp mehr für Urlaub im Schloss; im Gegenteil ist das Haus seit seiner Eröffnung – ebenfalls im Jahre 1995 – mittlerweile zu einem der beliebtesten und bekanntesten Schlosshotels geworden. Eine Empfehlung ist es vor allem wegen seiner schönen Lage direkt am See und der Nähe zum Müritz Nationalpark. Ein Schwimmbad und zwei Restaurants gestalten die Flucht aus dem Alltag recht angenehm.

Stilvoll übernachten lässt sich auch 8 Kilometer südöstlich von Groß Plasten im Hotel Schloss Wendorf, Schloßstraße 3, 17219 Möllenhagen-Wendorf, Fon 03 99 21/ 32 60, Fax 03 99 21/ 32 64. Das ehemalige Gutshaus im Tudorstil aus dem 19. Jahrhundert – frisch renoviert und geschmackvoll eingerichtet – wird von einem gemeinnützigen Verein geführt. Für die Gäste stehen Leih-Fahrräder bereit.

Tipp

Demmin hat nach der verheerenden Zerstörung am Ende des 2. Weltkrieges fast keine baugeschichlichen Zeugnisse aufzuweisen. Von der einstigen Stadtbefestigung blieb das Luisentor mit seinem schönen Staffelgiebel sowie der massige, offenbar unzerstörbare Pulverturm erhalten. Daneben ist die Pfarrkirche, eine spätgotische dreischiffige Halle aus dem 14. Jahrhundert, sehenswert, wenngleich sie sich heute in der umgestalteten Form aus dem 19. Jahrhundert zeigt.

Hotel und Restaurant Demminer Mühle, An der Mühle 3, 17109 Demmin, Fon 0 39 98/ 43 13 95, Fax 0 39 98/ 28 05 55. Nicht in der restaurierten Mühle selbst, sondern in dem neu errichteten, modernen Bau daneben findet man in Demmin komfortable Unterkunft und ländlich-rustikale Speisen.

MECKLENBURGISCHE SEENPLATTE

Güstrow
Teterow
Malchiner See
Krakower See
Karow
26
Passow
Daschow
Plauer See
Fleesesee
Kölpinsee
Kl
Göhren-Lebbin
Stuer
Woldzegarten
L
Fincken
Bollewick
Sol
Wredenhagen

Mecklenburgische Seenplatte

26 KAROW

Der kleine Ort Karow versteht sich selbst als das Tor zur Mecklenburgischen Seenplatte. Das weniger bekannte Gutsensemble in Karow sollte dem Architekturfreund aber auch einen kurzen Aufenthalt wert sein, fügen sich doch hier unterschiedliche Baustile zu einem harmonischen Ganzen.

Die erste urkundliche Erwähnung des Ortes Karow datiert von 1254. Nach mehrfachem Besitzerwechsel gelangte das Gut schließlich 1899 an Johannes Schlutius († 1910). Er veranlasste die großzügige Neuordnung der Gutswirtschaft zu einem modernen, prosperierenden agrarischen Großbetrieb, wovon bis heute die an Industriebauten erinnernden Wirtschaftsgebäude künden. Dabei wurde durchaus Wert auf Ensemblewirkung gelegt. Architektonische Einflüsse vom Heimatstil lassen sich

KAROW
Handwerklich vorzüglich ausgeführte neobarocke Formensprache

nicht übersehen. Auch die Landarbeiterhäuser sind damals neu entstanden. Das klassizistische Herrenhaus erfuhr eine Erweiterung in handwerklich vorzüglich ausgeführter neobarocker Formensprache. Hierfür lieferte der bekannte Berliner Architekt Ernst Eberhard v. Ihne die Entwürfe.

Hieran schließt sich ein großzügig angelegter und mit der freien Landschaft verwobener Park an. Nahe der B 192 ist das einstige Familienmausoleum zu entdecken. Dieses außergewöhnliche, von Wilhelm Wandschneider 1916 fertig gestellte Bauwerk zitiert das Theoderich-Grabmal zu Ravenna. Der Karower Grabbau stellt im Schaffen Wandschneiders ein Hauptwerk dar, dem auch innerhalb der Sepulkralarchitektur des ausgehenden deutschen Kaiserreichs ein hoher Rang gebührt.

GUT KLINK

Ein interessantes Gegenstück – oder architektonisches Vergleichsobjekt – zu dem Gutsensemble in Karow stellt das Gut Klink dar, das seine heutige Form ebenfalls dem Gestaltungswillen der Jahrhundertwende verdankt. Das fast 30 Kilo meter östlich von Karow gelegene Gut wurde allerdings schon 1375 erstmals erwähnt.

Nach vielfachem Besitzerwechsel gelangte es im Jahre 1898 an den später geadelten Industriellen Arthur Schnitzler. In unvergleichlich schöner landschaftlicher Lage, direkt am Ufer der Müritz, ließ er sich nach Plänen des Berliner Architekten Hans Grisewald einen Landsitz errichten. Der malerische Gruppenbau zeichnet sich durch eine Fülle von Dekorationsstücken aus, so zwei Ecktürme, Zwerchhäuser, Erkerausbauten und Terrakottaschmuck. Stilistisch zeigt sich das Bauwerk von den Loire-Schlössern des 16. Jahrhunderts beeinflusst, setzt aber im Detail auch die Kenntnis der so genannten Weser-Renaissance voraus. Noch kurz vor dem Ersten Weltkrieg wurde in analogen Formen der von Ernst Paulus und Olaf Lilloe (Berlin) entworfene Saalbau angefügt. Die unzureichende

Gut Klink
Malerischer Gruppenbau mit einer Fülle von Dekorationsstücken

Alleenstrasse

Nutzung des Gebäudes in den vergangenen Jahrzehnten führte schließlich zum Verlust des ursprünglich reichen Interieurs. Mit den komplizierten Rekonstruktionsmaßnahmen 1997/98 wurde der Versuch unternommen, alte Raumeindrücke nachzuempfinden.

Als Bindeglied zur älteren Vergangenheit des einstigen Gutes Klink verdient die Dorfkirche Beachtung, ein einfacher Backsteinbau (1736–42) mit zeitgleicher Ausstattung.

GÖHREN-LEBBIN

Auf der Strecke von Karow nach Klink kann man einen Stopp in Göhren-Lebbin, etwa 4 Kilometer östlich von Malchow, einlegen. Hier grüßt schon von weitem ein stattliches Schlossgebäude, eine Doppelturmanlage in zurückhaltender Neobarockform aus dem Jahre 1912. Heute ist Schloss Blücher nach aufwendiger Renovierung das Herzstück einer riesigen Ferienanlage "Land Fleesensee", die im Jahre 2000 auf insgesamt 550 Hektar eröffnet wurde. Neben dem "Redisson Resort Schloss Blücher Hotel & Sports" gehört dazu Deutschlands erster Robinson-Club, das Dorfhotel Fleesensee sowie diverse weitere Hotels, Ferienhäuser und Freizeitanlagen.

Anfahrt

Karow liegt am Westrand der Mecklenburgischen Seenplatte nahe der Autobahn 19, Abfahrt Malchow, 50 Kilo meter nördlich von Wittstock. Über die Bundesstraßen 103 und 192, die sich bei Karow kreuzen, ist der Ort relativ gut zu erreichen. Das nächste Städtchen, Malchow, ist 14 Kilometer südöstlich. Klink wiederum findet sich weitere 14 Kilometer in östlicher Richtung (nur 7 Kilometer von Waren entfernt).

Info

Verkehrsverein Malchow, An der Drehbrücke, 17213 Malchow, Fon 03 99 32/ 8 31 86, Fax 03 99 32/ 8 31 25.

Etwa 7 Kilometer südwestlich von Karow liegt der winzige Ort Daschow (von Karow aus zu erreichen über Plauerhagen). Hier bietet in einer selbst für mecklenburgische Verhältnisse seltenen Abgeschiedenheit ein frisch renoviertes klassizistisches Gutshaus angenehme Nachtruhe in ländlicher Idylle.

Landhotel Schloss Daschow, Schloßstraße 5, 19386 Daschow, Fon 03 87 32/ 50 00, Fax 03 87 32/ 5 00 91.

Hotel Schloss Klink, 17192 Klink, Fon 0 39 91/ 74 70, Fax 0 39 91/ 74 72 99. Das Hotel verfügt über einen eigenen Yachthafen.

Tipp

Umgeben von Wald und Wasser liegt Malchow sehr malerisch eingebettet in die Landschaft der Mecklenburgischen Seenplatte. Die Altstadt wurde auf einer Insel im gleichnamigen Malchower See angelegt, der die schmale Verbindung zwischen Fleesensee und Plauer See bildet. – Hingewiesen sei hier noch einmal auf die Müritz-Elde-Wasserstraße. (Siehe (8) Neustadt-Glewe!) – Ein um die Mitte des 19. Jahrhunderts angelegter Damm und eine Drehbrücke verbinden das Altstadtareal mit dem Festland.

Auf halber Strecke zwischen Karow und Malchow findet man das Agrarhistorische Museum Alt Schwerin. Dieses Freilichtmuseum am Ufer des Plauer Sees informiert realistisch über die Entwicklung von Landwirtschaft und Landleben in Mecklenburg. Eine Schnitterkaserne, eine Tagelöhnerkate sowie eine Einklassen-Dorfschule vermitteln etwas von der früheren Lebenswirklichkeit der gewöhnlichen Landbevölkerung.

Agrarhistorisches Museum Alt Schwerin,
17214 Alt Schwerin, Fon 03 99 32/ 99 18.

27 SCHLOSS MIROW

Um die Müritz erstreckt sich eine reizvolle Kleinseenplatte. Bei Wassersportlern erfreut sich diese Region großer Beliebtheit. Hunderte kleiner, durch Flüsse und Kanäle miteinander verbundene Seen, in bewaldete Hügelketten eingebettet, prägen das Landschaftsbild. Auch die Freunde historischer Schlösser und Herrenhäuser kommen hier auf ihre Kosten. Das fängt schon in dem touristischen Zentrum Mirow an.

Geistliche Ritterorden spielten in der Kolonisationsbewegung des 12./13. Jahrhunderts eine nicht zu unterschätzende Rolle. In Mirow ließen sich 1227 Johanniter nieder und gründeten auf einer geschützten Halbinsel an der Südostseite des Mirower Sees eine Komturei. Im Jahre 1587 gelangte diese in den Besitz der mecklenburgischen Herzöge und wurde in der Folgezeit zur Residenz ausgebaut.

Von älteren Bauten blieben das einstige Brauhaus (15. Jahrhundert) und Torhaus (1588) mit zeitgleichen Befestigungen sowie die Kirche erhalten. Sie stammt aus dem 14. Jahrhun-dert, wurde 1742–47 zur Hof- und Gruftkirche der Strelitzer Herzöge ausgebaut und nach den Kriegsschäden in einfachen Formen wieder hergerichtet. Das barocke Kavaliers- und Küchengebäude entstand 1758.

Das Schloss wurde 1707–12 über einem H-förmigen Grundriss errichtet, wobei das Raumprogramm französischen Vorbildern folgt. Um 1760 war der Innenausbau vollendet. Der überreich stuckierte Festsaal zählt in Norddeutschland zu den Kostbarkeiten barocker Dekorationskunst. Die intimeren Kabinette und Salons sind durch Potsdamer Künstler im Stil friderizianischen Rokokos gestaltet worden. Nach Abschluss der Restaurierungsarbeiten ist das Schloss als Museum zugänglich.

Der Schlosspark birgt eine Gartenpartie von eigenem Stimmungswert, die "Liebesinsel". Hier fand der letzte Strelitzer Großherzog Adolf Friedrich VI. nach tragischem Freitod (1918) seine Ruhestätte.

Schon zum Stadtbild Mirows zählt das 1848 umgebaute Untere Schloss von 1766. Es gilt als Geburtshaus der späteren englischen Königin Sophie Charlotte († 1818), der Gemahlin von Georg III. Heute beherbergt das Gebäude, ein zweigeschossiger Barockbau mit übergiebeltem Mittelrisalit, das Mirower Gymnasium.

Zehn Kilometer südlich von Mirow, im kleinen Ort Fleeth am Vilzsee, hat sich ein kaum bekanntes, dennoch außergewöhnliches Architekturdenkmal erhalten: die 1802 nach Entwürfen von Dunkelberg errichtete Mühle, am Durchstich zwischen Vilzsee und Rätzsee gelegen. Die schweren, archaisierenden Bauformen setzen das Vorbild der Berliner Bauschule voraus. Als bautechnische Leistung von Rang erweist sich das Bohlenbinderdach.

Schloss Mirow
Nach französischen Vorbildern

LUDORF

Etwa 17 Kilometer nordwestlich von Mirow liegt in der Nähe des Müritz-Ufers das kleine Dorf Ludorf.

Das in bescheidenen Barockformen 1698 fertig gestellte Herrenhaus ist ein holländisch geprägter Backsteinbau, der durch seine handwerklich gekonnte Ausführung besticht. Er entstand unweit der alten Burg Morin. Beachten Sie im Portalbereich den Eichenbalken mit einer Inschrift von 1576. Im Inneren sind die restaurierten Deckenmalereien auf Holz sehenswert.

Das eigentliche Kunsterlebnis knüpft sich in Ludorf allerdings an die 1346 geweihte Dorfkirche. Dieser in frühgotischen Formen über einem Achteck entwickelte Backsteinbau folgt dem Zentralbaugedanken und steht in der mittelalterlichen Sakralarchitektur des Landes einzigartig da.

BOLLEWICK

Gleich weit von Mirow und nur etwa 5 Kilometer von Ludorf entfernt, wartet in Bollewick eine Besonderheit auf Freunde und Kenner der Baugeschichte:

Mit Abmessungen von 125 x 35 Metern entstand hier 1881 die größte Feldsteinscheune Deutschlands – ein agrar- wie architekturhistorisches Denkmal von Rang. Schon allein die sorgfältige Bauausführung, das Farbspiel vorzüglich bearbeiteter Feldsteine in Kombination mit dem warmen Backsteinrot machen das sicher proportionierte Gebäude zu einem ganz ungewöhnlichen ästhetischen Genuss. Die Zukunft der Scheune war lange ungewiss, Verwahrlosung setzte ein. Inzwischen restauriert, gilt sie in der dortigen Region als wichtiges kulturelles Zentrum.

Scheunenhotel Bollewick, Dudel 1, 17207 Bollewick. Fon 03 99 31/ 58 07-0, Fax 03 99 31/ 58 07-111.
E-Mail Scheunenhotel.Bollewick@t-online.de

BURG WREDENHAGEN

Von Mirow aus 25 Kilometer westlich und von Bollewick 8 Kilometer südlich gelegen, stößt man in Wredenhagen noch einmal auf – fast verblasste – Erinnerungen des Mittelalters.

In der Geschichte der 1284 erstmals erwähnten Burganlage spielte mittelalterliche Händelsucht eine wichtige Rolle. Im Grenzland zu Brandenburg gelegen, wechselte die Befestigung wiederholt den Besitzer und gelangte erst 1329 an Mecklenburg, nun aber auf Dauer. Später verlor die Burg an Bedeutung und – wiederholt verpfändet – spielte schließlich nur noch als Verpachtung eine Rolle. Ihre beachtlichen Überreste gruppieren sich auf einem vormaligen slawischen Burgwall, was den annähernd kreisrunden Grundriss der Befestigung erklärt. Als interessantestes Bauglied gilt das Torhaus. Hier gelang der Nachweis einer äußerst seltenen Konstruktion, einer so genannten Wippbrücke, die einst den Zugang zum höher gelegenen Burginneren ermöglichte.

GUT FINCKEN

In Fincken, 27 Kilometer westlich von Mirow und 10 Kilo meter nordwestlich von Wredenhagen liegt abseits der großen Straßen ein 1801 errichtetes Herrenhaus, dessen Hoffassade durch einen vergiebelten Mittelrisalit zurückhaltend gegliedert ist. Das vor der Renovierung von 1973–74 deutlich erkennbare Architekturmotiv der hohen Bogennische deutet auf den Einfluss der Berliner Bauschule hin. Ein saalartiger Anbau in tudorgotischen Formen stammt aus der Zeit um 1850.

Zu einem kleinen See hin erstreckt sich ein Landschaftspark, in den die barocke Dorfkirche (1744) sowie ein Mausoleum (19. Jahrhundert) einbezogen sind. Die noch erhaltenen Strukturen der Gutsanlage lassen eine ensembleartige Gliederung nach Funktonsbereichen erkennen, denn Herrensitz, Wirtschaftsbereich und Katenzeile sind räumlich-

kompositorisch deutlich voneinander abgesetzt. Als wichtiges agrarhistorisches Baudenkmal hat sich eine später freilich veränderte Rundscheune erhalten. Zusammen mit dem inzwischen verlorenen Pendant markierten beide Gebäude einst die Zufahrt zur Gutsanlage.

BURG STUER

Nahe der uralten Grenze zum Brandenburgischen haben sich in Stuer, 36 Kilometer westlich von Mirow und 8 Kilometer westlich von Fincken, Spuren von bereits im Jahre 1240 erwähnten Befestigungen erhalten. Dazu zählt ein nahe der Dorfkirche gelegener frühdeutscher Turmhügel. Und im Feuchtgebiet nördlich vom Ortsteil Vorwerk erwecken die hinter Gestrüpp verborgenen, immer noch stattlichen Überreste einer großen zweiteiligen Niederungsburg berechtigtes Interesse. Es handelt sich um den einstigen Ganerbensitz derer v. Flotow. Ein geübtes Auge erkennt die Struktur der Vorburg schnell. Nach Westen hin, getrennt durch einen breiten Graben liegt die über fast quadratischem Grundriss entwickelte Hauptburg. Von ihr künden die imposante Ruine eines Wohnturms sowie die Rudimente von Ringmauer, Zugbrücke und Kellergewölben. Die Dorfkirche, ein Fachwerkbau vom Ende des 17. Jahrhunderts, lohnt eine Besichtigung. Zur bemerkenswerten Innenausstattung zählt ein schöner Schnitzaltar (um 1500), der aus einer Güstrower Werkstatt stammen mag.

Anfahrt

Mirow liegt 45 Kilometer südwestlich von Neubrandenburg oder 26 Kilometer südwestlich von Neustrelitz, schon an der Grenze zu Brandenburg (Wittstock).

Sogar einen kleinen Bahnhof hat das Städtchen, die Regionalbahn von Neustrelitz nach Wittstock macht dort Halt.

Info

Informationsbüro Mirow, Rudolf-Breitscheid-Str. 24, 17252 Mirow, Fon 03 98 33/ 2 80 22, Fax 03 98 33/ 2 20 97.

Hotel Gutshaus Ludorf, Röbeler Str. 34, 17207 Ludorf, Fon 03 99 31/ 84 00, Fax 03 99 31/ 8 46 20.

Schlosshotel Leizen, 17209 Leizen, Fon 03 99 22/ 80 70, Fax 03 99 22/ 8 07 77.

Gutshof Woldzegarten, Hotel und Kulturscheune, Walower Str. 30, 17209 Woldzegarten, Fon 03 99 22/ 82 20, Fax 03 99 22/ 8 22 55, www.gutshof-woldzegarten.de

Tipp

Ein Tipp, der wohl nur an botanisch Interessierte gerichtet ist, stellt das so genannte Erbsland, 5 Kilometer nördlich von Mirow bei Granzow gelegen, dar. Es handelt sich um einen Ende des 19. Jahrhunderts zu Forschungszwecken gepflanzten botanischen Garten mit exotischen, zum Teil aus Übersee importierten Baumarten.

---

28 SCHLOSSPARKANLAGE NEUSTRELITZ

In der ehemaligen Residenzstadt Neustrelitz wird der Besucher das herzogliche Residenzschloss heute vergeblich suchen. Es brannte 1945 aus und wurde 1950 abgetragen. Der ehemalige Schlosspark aber vermittelt immer noch viel von der einstigen Pracht.

Die Geschichte dieser einstigen Residenz beginnt 1726–31, als nach Plänen von Julius Löwe das vormalige Jagdhaus Glieneke planmäßig zu einem Fürstensitz ausgebaut wurde. Um das mehrfach erweiterte, 1945 zerstörte Schloss gruppierte sich ein Ensemble von Nebenbauten, so Prinzen- (1740) und Kavaliershaus, Orangerie, Marstall, Theater und

NEUSTRELITZ
Orangerie

Wirtschaftstrakt. Abgesehen vom Tiergarten wurde damals auch der barocke Schlosspark (1732) angelegt. Seine punktuell noch ablesbare Struktur zeigt sich in der großen Hauptachse, den Terrassierungen zum einstigen Schloss hin sowie im plastischen Schmuck der "Götterallee". An der späteren Umgestaltung und Erweiterung der Gartenanlage zu einem Landschaftspark war Lenné beteiligt. Die im 19. Jahrhundert eingefügten Nachbildungen antiker Bildwerke bereichern das Parkbild ungemein.

Nordöstlich vom Schlosskomplex wurde ungeachtet der Geländeschwierigkeiten ab 1733 in barocker Regelmäßigkeit die Residenzstadt angelegt. Der im Wesentlichen noch erhaltene Grundriss lässt einen quadratischen Marktplatz erkennen, von dessen Ecken und Seiten sternförmig acht Straßen ausgehen. Es hat den Anschein, dass eine räumlich-kompositorische Verknüpfung von Stadt- und Schlossareal – vergleichbar Ludwigslust – zunächst noch nicht vorgesehen war.

Das "barocke" Neustrelitz ist im 19. Jahrhundert überformt worden. Es präsentiert sich heute mit teilweise bemerkenswerten klassizistischen Bauwerken, die den Einfluss der damals im deutschen Nordosten stilführenden Berliner Bauschule verraten. Kunstfreunde kommen auf ihre Kosten. Hier sei nur auf die Orangerie verwiesen. Das 1755 errichtete Gebäude erfuhr – beraten durch Schinkel – 1840–42 nach Entwürfen von Friedrich Wilhelm Buttel (1796–1869) eingreifende Umbauten zu einem klassizistischen Gartensalon. Die zeitgenössische Innendekoration – pompejanische Wand – und Deckenmalereien, Abgüsse antiker Plastiken und Reliefs sowie die Leuchter – blieb weitgehend erhalten, was in diesem Umfang eine Rarität darstellt. Heute bietet die Orangerie den repräsentativen Rahmen für kulturelle Veranstaltungen.

Auf einige Baulichkeiten des 19. Jahrhunderts im Areal der einstigen Residenz sei ferner verwiesen. Das klassizistische Marienpalais (um 1850) entstand in Formen der Schinkel-Nachfolge. Von 1855–59 stammt die phantasievolle neogotische, von Buttel entworfene Schlosskirche, auf dessen Ideen auch der antikisierende Hebetempel (1840) sowie der weitläufige Marstall zurückgehen. Die Gedenkhalle für Königin Luise im nordwestlichen Parkteil stammt aus dem Jahre 1891. Sie birgt

Neustrelitz
Schlossgarten

Neustrelitz
Hebetempel, 1840, von Buttel

die von Albert Wolff geschaffene Marmorkopie der berühmten, von Daniel Rauch geschaffene Grabfigur im Charlottenburger Mausoleum.

Bei einem Rundgang durch die Stadt verdienen vornehmlich das von Buttel entworfene Rathaus (1841) sowie die nach seinen Ideen überformte Stadtkirche (1828–31) Beachtung. Vom Turm kann man einen schönen Blick auf die Stadt und die Seen genießen.

Anfahrt

Neustrelitz liegt 30 Kilometer südlich von Neubrandenburg. Die Bundesstraßen 96, 193 und 196 führen in die Stadt.

Info

Stadtinformation Neustrelitz, Markt 1 (Im Rathaus), 17235 Neustrelitz, Fon 03 98/ 25 31 19, Fax 0 39 81/ 20 54 43.

Stadtmuseum Neustrelitz, Schloßstr. 3. Fon 03981/20 58 74. Das Haus in der Schloßstraße – der Straße, die den Markt mit dem ehemaligen Schlossgarten verbindet – zeigt drei Originalplastiken von Daniel Christian Rauch. Daneben finden sich eine Sammlung wertvoller Porzellane, Zeugnisse bäuerlicher und städtischer Kultur sowie Waffen und Dokumente aus dem Befreiungskrieg 1813/14.

Tipp

Rund um Neustrelitz gibt es der Fremdenverkehrsreklame zufolge 300 Seen. Wenigstens den Zierker See, an dem Neustrelitz so malerisch liegt, sollte man kennen lernen – am besten vom Wasser aus, also ein Boot mieten oder eine Fahrt mit dem Ausflugsdampfer unternehmen.

Hohenzieritz
Hier starb Luise von Preußen

29 HOHENZIERITZ

Das Schloss in Hohenzieritz ist der einstige Sommersitz der Herzöge von Mecklenburg-Strelitz. Den meisten Besuchern ist der Ort und das Schloss nicht wegen seiner Baugeschichte bekannt, sondern weil hier im Jahre 1810 die beliebte Königin Luise von Preußen, eine Tochter des Hauses Mecklenburg-Strelitz starb, der zu Ehren hier eine Gedenkstätte eingerichtet worden ist.

Das 1746–51 errichtete Schloss wurde 1790 im Zopfstil umgebaut. Als barocke Reminiszenzen blieben die beigeordneten, einen kleinen Ehrenhof beschreibenden Kavaliershäuser (1776) erhalten. Leider ging die kostbare Innenausstattung zusammen mit den wertvollen Ausstellungsstücken der Luisen-Gedenkstätte 1945 nahezu vollständig verloren. Den raumkünstlerischen Höhepunkt bildeten bis dahin die um 1800 gefertigten Wand- und Deckentapeten.

Der mehrfach überarbeitete Schlosspark entstand in seinen wesentlichen Partien ab 1771 durch den Engländer Thompson und andere Gartenkünstler bis etwa 1815. Ein System ausgeklügelter Sichtachsen setzte die Hohenzieritzer Gartenanlage mit jenen der herzoglichen Nachbargüter in Beziehung und verknüpfte sie mit der natürlichen Umgebung am südlichen Tollensebecken. Auf diese Weise entstand eine Abfolge großartiger "Landschaftsbilder", die das epochale Vorbild englischer Gartenkunst freilich voraussetzt.

Einige Klein- und Staffagearchitekturen sollen nicht unerwähnt bleiben, zumal sie zum Gesamtensemble zählen. Südwestlich vom Schloss erinnert ein antikisierender, von Christian Philipp Wolff entworfener Rundtempel (1815) an Königin Luise. Die Gutsschmiede (1825) rezipiert ebenfalls das Vorbild griechischer Tempel. Nach Plänen von Friedrich Wilhelm Dunkelberg entstand 1804 ein Kruggebäude, dessen Bohlenbinderdach inzwischen eine baugeschichtliche Rarität darstellt. Die ebenfalls von Dunkelberg projektierte Dorfkirche (1804) ist ein antikisierender Rundbau. Auch ihn deckt ein Bohlenbinderdach. Die einstige Kuppelmalerei war dem Pantheon in Rom nachempfunden.

GUT PRILLWITZ

Noch heute gehört ein Spaziergang von Hohenzieritz nach Prillwitz, 2 Kilometer nordöstlich am Ufer des Sees Lieps gelegen, zu den großen Landschaftserlebnissen in Mecklenburg-Vorpommern. Das dortige Jagdschloss weist klassizierende Formen und Elemente des Jugendstil auf.

WEISDIN

Die Ortsanlage Weisdin, 6 Kilometer südlich von Hohenzieritz an der B 96 gelegen, lohnt auf jeden Fall einen Abstecher, stellt sie doch selbst in der heute reduzierten Fassung ein überzeugendes Beispiel für raumgreifende Barockkompositionen dar. Das 1387 erstmals erwähnte, wiederholt verpfändete Dorf war um 1740 einem Großbrand zum Opfer gefallen. So bot sich die einmalige Gelegenheit zu einer Neugestaltung der Gutsanlage. Unter Wahrung strenger Symmetrie und Axialität sowie geschickter Ausnutzung natürlicher Gegebenheiten wurden Herrenhof (1749) und Dorfkirche (1747–49) zueinander in Korrespondenz gesetzt. Nach Ausweis alter Pläne (1757) war in diese Raumordnung auch das am jenseitigen Ufer vom Mittelsee gelegene Lusthaus einbezogen. Es erhob sich auf dem so genannten Schlossberg, einem immer noch imposanten Überrest einer zweigliedrigen mittelalterlichen Höhenburg. Eine Besichtigung der Dorfkirche lohnt sich allemal. Der über einem Achteck entwickelte Zentralbau hat seine reiche, farbenfrohe Ausstattung bewahrt. Die den Bau bekrönende Laterne erinnert an Chinoiserie-Motive, die in Norddeutschland nur selten anzutreffen sind.

Anfahrt

Hohenzieritz liegt etwa 15 Kilometer nördlich von Neustrelitz und ist zu erreichen über die B 96 oder B 193.

Info

Förderverein Hohenzieritz e.V., Schulstr. 1, 17237 Hohenzieritz, Fon 03 98 24/ 2 00 20.

Stadtinformation Neustrelitz, Fon 0 39 81/ 25 31 19, Fax 0 39 81/ 20 54 43.

Hotel Jagdschloss Prillwitz, 17237 Prillwitz, Fon 03 98 24/ 2 03 45, Fax 03 98 24/203 46. Lage und Ausstattung machen das Haus zum idealen Quartier für anspruchsvollere Naturfreunde und Radwanderer.

Tipp

Naturfreunde sollten die Gelegenheit wahrnehmen, das Naturschutzgebiet Nonnenhof zu besuchen. Durch einen schmalen Zufluss ist der Tollensesee mit dem sehr viel kleineren See Lieps verbunden. Dazwischen liegt das spitz in die Lieps hineinragende Naturschutzgebiet Nonnenhof, ein Vogelreservat, in dem die seltenen, für ihr schillernd buntes Gefieder bekannten Eisvögel zu Hause sind. Von Prillwitz aus lässt sich dieses Muss für ornithologisch Interessierte zu Fuß erreichen.

ALTE BURG PENZLIN
Zürück in die Zeiten der Hexenverfolgung

30 ALTE BURG PENZLIN

Kulturreisende, die sich neben der Vermehrung baugeschichtlicher Kenntnisse auch etwas gruseln wollen, kommen in Penzlin auf ihre Kosten. Im berühmten Hexenkeller der Alten Burg wird man in authentischem Ambiente zurückversetzt in die Zeit der Hexenverfolgung.

Die Entstehung von Burg und Stadt Penzlin steht in engem Zusammenhang mit der kriegerisch bewegten Ostkolonisation des 12./13. Jahrhunderts. Damals kam die ursprünglich slawische Siedlung, an die noch der große, wohl um 900 angelegte Burgwall erinnert, zunächst unter die Herrschaft der pommerschen Herzöge, dann der Markgrafen von Brandenburg, um Jahrzehnte später schließlich an die mecklenburgischen Fürsten zu gelangen. 1414 ist der Besitz an die v. Maltzan verpfändet worden, und nach endgültiger Belehnung (1517) bestimmten sie hier für Jahrhunderte die Geschicke.

Als gewichtige Bauzeugen sind die so genannte Alte und Neue Burg dieser Periode zuzurechnen. Die Alte Burg, der ältere, wiederholt überarbeitete Baukomplex, der sich auf den Resten einer mittelalterlichen Niederungsburg erhebt, erhielt im 16./17. Jahrhundert sein heutiges Aussehen. Jener Bauphase sind der zweigeschossige Hexenkeller sowie der gewaltige Rauchfang der einstigen Burgküche zuzurechnen, zwei architektonische Raritäten. Beim Hexenkeller werden die Besucher durch eine Falltür in das Verlies geführt, in dem bis weit ins 17. Jahrhundert hinein mit Daumenschrauben und anderen Instrumenten die Hexenverfolgung praktiziert wurde. Im Bereich der slawischen Wallanlage respektive der nachmaligen Vorburg entstand 1808–13 die Neue Burg. Dieser streng wirkende klassizistische Herrensitz lässt noch heute den damaligen Einfluss der Berliner Bauschule erahnen.

Anfahrt

Penzlin liegt 17 Kilometer südwestlich von Neubrandenburg und 17 nördlich von Neustrelitz. Die Bundesstraßen 192 und 193 führen in das Städtchen am Westrand des Tollensesees. An das Bahnnetz ist Penzlin nicht angeschlossen.

Info

Neubrandenburger Fremdenverkehrsverein, 2. Ringstr. 21, 17033 Neubrandenburg, Fon und Fax 03 95/ 55 95 104.

Tipp

Von Penzlin aus empfiehlt sich unbedingt ein Abstecher ins 9 Kilometer südwestlich gelegene Ankershagen. Bekannt geworden ist das Dorf durch den Troja-Entdecker Heinrich Schliemann (1822–1890), der hier als Pastorensohn 1823–31 seine Kindheit verbracht hat. Im alten Pfarrhaus, Dorfstraße 34, informiert eine sehenswerte Ausstellung mit vielen Originalen über den legendenumwobenen Pionier der Feldarchäologie. Der davor stehende, begehbare Nachbau des Trojanischen Pferdes erfreut sich bei Kindern großer Beliebtheit.

Die gegenüberliegende Kirche ist wegen einer baulichen Besonderheit sehenswert. In spätgotischer Zeit wurde nämlich das Innere zu einer zweischiffigen Halle umgestaltet.

Wohl auf den Fundamenten einer mittelalterlichen Wasserburg entstand im 16. Jahrhundert als Festes Haus der einstige, mehrfach erweiterte Herrensitz. Im Parkgelände finden sich überdies die Ruinen einer mächtigen, noch ins 16. Jahrhundert zu datierenden Befestigung.

In Neubrandenburg sind von der mittelalterlichen Altstadt nach den Zerstörungen des letzten Krieges nur Teile der Stadtmauer erhalten. In die mächtige Stadtmauer eingefügt sind so genannte Wiekhäuser, kleine Fachwerkhäuser, von denen aus die Verteidigung erfolgte. Besonders beeindruckend sind aber die vier im 14. und 15. Jahrhundert errichteten Stadttore. Die zwar unterschiedlichen Bauten entsprechen doch einem einheitlichen Grundschema: Das jeweils größere, mehrgeschossige Innentor ist Teil der Stadtmauer, davor befindet sich ein niedrigeres Vortor, gelegen auf einem um die Stadt geführten Wall. Verbunden waren äußeres und inneres Tor durch einen von Zwingmauern geschützten, über einen Graben geführten Weg. Im Treptower Tor, an der Westseite der Stadtbefestigung gelegen, ist heute die Sammlung des Regionalmuseums untergebracht.

Die kriegszerstörte gotische Marienkirche ist inzwischen als Konzertkirche (Neubrandenburger Philharmonie) wieder erstanden. Bei einem Blick vom 56 Meter hohen Veranstaltungszentrum kann man noch recht gut den mittelalterlichen Plan des im 2. Weltkrieg zerstörten, rasterförmig angelegten Stadtkerns erkennen.

Neubrandenburg
Massiv und doch filigran: das Treptower Tor

Restaurant Vier Tore heißt das Hotelrestaurant im Radisson Neubrandenburg, Treptower Straße 1, Tel 03 95/ 5 58 60. Nicht nur der Name des Restaunts lässt deutlich regionale Bezüge erkennen, auch die Küche fühlt sich den heimischen Traditionen verpflichtet, freilich mit dem in solchen Häusern üblichen Drang, alles ein bisschen zu verfeinern. Das Ambiente ist weltläufig modern.

31 BURG STARGARD

Die einzige aus dem Mittelalter erhaltene Höhenburg Norddeutschlands markiert mit ihrem mächtigen Bergfried die Silhouette des Städtchens, das ihr seinen Namen verdankt: Burg Stargard. Insgesamt zwölf Gebäude der alten Burg sind – mit all ihren über die Jahrhunderte vorgenommenen Veränderungen – noch heute zu besichtigen.

Die sehr romantisch anmutende Wehranlage erhebt sich auf einer Geländekuppe, die bereits in vorgeschichtlicher Zeit besiedelt war. Sie entstand 1248 auf Veranlassung der brandenburgischen Markgrafen und gelangte 1299 durch Heirat an Mecklenburg. Von 1352–1603 war die Burg herzogliches Quartier, versank dann aber zur Bedeutungslosigkeit.

Typologisch stellt die Anlage eine Höhenburg dar. Sie gilt in Mecklenburg-Vorpommern als größte mittelalterliche Befestigung. Spätromanische Schmuckformen, gotische Spitzbögen und Netzgewölbe, aber auch historisierende Dekorationselemente deuten auf zahlreiche Veränderungen im Verlauf der Jahrhunderte. Noch in die Gründungszeit der Anlage zu datieren sind die einstigen Torhäuser von Vor- und Hauptburg, deren Obergeschosse durch Kapellen belegt waren. Die dreiteilige Fenstergruppe vom Torhaus der Vorburg wurde im 14. Jahrhundert bis auf die schmalen Schlitze geschlossen, was sich wehrtechnisch aus dem damaligen Aufkommen der Feuerwaffen ableiten lässt. Aus dem 13. Jahrhundert stammt ferner der Unterbau des landschaftsdominierenden Bergfrieds mit seinem hoch gelegenen ursprünglichen Einstieg. Sein massiver Kegelhelm sowie der romantisierende Zinnenkranz gehen auf Rekonstruktionen unter Friedrich Wilhelm Buttel 1821–23 zurück. Von diesem 35 Meter hohen Bergfried bietet sich eine herrliche Rundsicht von – angeblich – bis zu 30 Kilometern. Außerdem kann der Besucher dort einen Blick in den 15 Meter tiefen Kerker werfen. Auch das an die Ringmauer der Hauptburg angefügte, 1919 ausgebrannte Krumme Haus dürfte in seinem Kern zu den ältesten Bauteilen zählen. Das Alte Herrenhaus mit dem jetzigen Haupttor entstand nach einer

Burg Stargard
Einzige aus dem Mittelalter erhaltene Höhenburg Norddeutschlands

nochmaligen Modernisierung der Burg im 15./16. Jahrhundert. Der Marstall, noch aus der ersten Bauphase stammend, beherbergt ein Museum, das mit der wechselvollen Geschichte der Stadt und der Burg bekannt macht. Die Gesamtanlage von Burg Stargard vermittelt recht eindrucksvoll die Entwicklungsstufen mittelalterlicher Wehrtechnik, wobei eine Besichtigung der Stadtbefestigungen im benachbarten Neubrandenburg und Friedland diesen Eindruck nur vertiefen kann.

Anfahrt

Burg Stargard liegt 9 Kilometer südöstlich von Neubrandenburg.

Neubrandenburger Fremdenverkehrsverein, Fon und Fax 03 95/ 5 44 23 18.

In Cölpin, 8 Kilometer östlich von Burg Stargard an der B 104, lohnt wegen der frühgotischen Dorfkirche, ein Feldsteinbau mit blendgegliedertem Backsteingiebel, einen Besuch. Das ehemalige Schloss von Cölpin entstand in barocken Formen 1780.

Hotel Schloß Passow

Ein klassizistischer Traum

Eingebettet in die wunderschöne Seenlandschaft Mecklenburgs bietet das i Jahr 1842 erbaute und zur Jahrtausendwende wieder im alten Gla restaurierte Schloß Passow ein ideales Refugium zum Genießen und Verweile In einem heute sehr seltenen Beispiel des reinen Klassizismus/Palladianism erleben sie das in Marmor ausgelegte Entreé mit Rotunde und die vc italienischen Künstler Anselmo Pellicia in Anlehnung an pompejanische Bild geschaffene Decken- und Wandmalerei. Im Stile italienischer Leichtigkeit u preußischer Eleganz werden Sie im Schloß begrüßt. Verweilen Sie an d Hotelbar, besuchen Sie Bacchus im historischen Weinkeller, philosophieren S in der großen Bibliothek im Obergeschoß mit Blick auf das Kaminfeuer und d Abendhimmel über Park und See. Erleben Sie bei einer Wanderung rund u den Passower See die herrliche Natur und erholen Sie sich an der Badestelle.

Ein kreatives Küchen- und Serviceteam bietet seinen Gästen stets fris zubereitete Gaumenfreuden der Mecklenburgischen Küch Eine Hochzeit ganz in Weiß, der Traum aller Brautpaare wird hier auf Schl Passow Wirklichkeit. Mit der Trauung im Standesamtzimmer des Schloss und in der Dorfkirche, der Kutschfahrt durchs Dorf zum Schloß, ein glanzvollen Feier in herrschaftlichem Ambiente und einer Nacht in d romantischen Hochzeitssuite wird der schönste Tag des Lebens zu eine unvergeßlichen und bleibenden Erlebni

Doppelzimmer ab 150,00 DM / Suiten ab 230,00 DM
Ideal für Hochzeiten, Familienfeiern, Ausflüge und Tagungen

Hotel Schloß Passow Am Schloß 67 19386 Passow
Tel. 038731 / 3650 Fax: 038731 / 36519
E-mail: SchlossPassow@aol.com www.Schloss-Passow.de

Rügen
An der Nordküste

RÜGEN

Kap Ark
Vit
Altenkir
Nationalpark Vorpommersche Boddenlandschaft
Hidden-
see
Rügen
Ralswiek
Boldevitz
Bergen
Zingst
Der
Grabow
Kubitzer
Bodden
Krönnevitz
Puth
Stralsund
32
Deutsche
Alleen-
straße
Greifswalc

Rügen

ɔyker
Saßnitz
Prorer Wiek
35 Granitz/Binz
eifswalder Bodden
Peene-strom

32 ST. NIKOLAI IN STRALSUND

*Auf dem Weg nach Rügen:
Die Bürgerkirche St. Nikolai in Stralsund*

Als ein Zeichen von Reichtum und Macht einer aufstrebenden mittelalterlichen Hansestadt wird sie als Prunkstück des Ensembles Rathaus/Kirche errichtet – St. Nikolai zu Stralsund. Auch bei der Ausstattung ihrer Ratskirche sparen die Stadtväter „mit keinem Taler".

Im Jahre 1234 wird Stralsund im Zuge der weiteren deutschen Besiedlung gegründet und erhält nach dem Überfall der Lübecker Flotte um 1249 eine feste Stadtmauer. Etwa 1270 beginnt der Bau der Nikolaikirche, wobei Teile einer erst 1260 beendeten und teilweise wieder abgerissenen Backstein-Hallenkirche in den gotischen Neubau mit einbezogen werden. Bis zur Mitte des 14. Jh. entsteht eine lang gestreckte dreischiffige Basilika von 85 m Länge mit einem Langhaus von 6 Jochen und einem zweijochigen Chor. Genannt wird in diesem Zusammenhang auch der Baumeister Heinrich von Barth. Im Zeitraum 1330–1360 werden in St. Nikolai auch die zahlreichen eindrucksvollen Wandmalereien ausgeführt. 1367 stürzt der Turm ein. Die daraufhin ebenfalls im 14. Jh. neu erbaute und mächtige Doppelturmanlage ist durch Maßwerkblenden in den Obergeschossen kunstvoll gegliedert. Mit der barocken Haube des Südturmes aus dem Jahre 1667 – nach einem Brand dem Kirchturm aufgesetzt – erreicht St. Nikolai stattliche 102,6 m Höhe. Durch die Anordnung offener Strebebögen und den Verzicht auf ein Querschiff sowie der Verschmelzung von Chorumgang und Kapellenkranz erinnert die Nikolaikirche Stralsund eindeutig an St. Marien in Lübeck und damit auch an die klassische französische Kathedrale.

St. Nikolai Stralsund
Dreischiffige Basilika von 85 m Länge

Der Eindruck beim Betreten dieser kreuzrippengewölbten Basilika ist überwältigend; besonders bei hellem Tageslicht um die Mittagszeit entwickelt St. Nikolai eine großartige und farbenprächtige Raumwirkung auf den Besucher.

Zu den besonderen Kostbarkeiten der Kirche zählen unter vielen anderen (ca. 200 Ausstattungs stücke) der ursprünglich mit über 100 Schnitzfiguren geschmückte Hochaltar vom Ende des 15. Jh., fünf weitere gotische Altäre, eine über 2 m hohe Sitzfigur einer Anna-Selbdritt-Gruppe aus Stuckmaterial von etwa 1290, ein 4,9 m hohes spätgotisches Kruzifix, der mit Jagdszenen aus Russland geschmückte Rest des Nowgorod-Fahrergestühls, das Krämergestühl von 1574, die Kanzel von 1611 sowie der von A. Schlüter entworfene große Hauptaltar von 1708.

Die Nikolaikirche Stralsund dürfte neben der Marienkirche von Lübeck den größten Einfluss auf die architektonische Entwicklung des hanseatischen Kirchenbaus haben.

Standort

Direkt am Alten Markt in der Stralsunder Altstadt, unmittelbar am Rathaus.

St. Nikolai in Stralsund
Bürgerkirche inmitten der Altstadt

33 RALSWIEK

Auf einem Hügel am Ufer des Großen Jasmunder Boddens erhebt sich ebenso malerisch wie majestätisch das feudale Schloss Ralswiek. Der turmbewehrte Bau setzt einen markanten Landschaftspunkt an diesem Ort, der zugleich für sich in Anspruch nimmt, die Wiege der Insel zu sein.

Die Gegend am Großen Jasmunder Bodden ist seit uralter Zeit besiedelt. Intensive archäologische Ausgrabungen wiesen hier einen ins 9./10. Jahrhundert datierten Seehandelsplatz nach. Im Zuge der ab 1168 von Dänemark aus betriebenen Christianisierung wurde in Ralswiek eine Propstei des Bischofs von Roskilde eingerichtet. 1311 wird der Ort als "Curia Ralswiik" erwähnt. Seit Ende des 15. Jahrhunderts war Ralswiek bischöfliches Lehen und befand sich zwischen 1536 und 1891 mit Unterbrechungen bei der Familie v. Barnekow. Neuer Besitzer war dann der geadelte Großindustrielle Hugo Sholto Graf v. Douglas. Er veranlasste den repräsentativen Ausbau seiner Besitzung, zu der neben der Parkanlage als architektonische Höhepunkte das so genannte Alte und Neue Schloss zählen.

Das Neue Schloss ist ein bewegter, architektonisch reich dekorierter Gruppenbau von zwei Flügeln, der auf die 1894 entworfenen Pläne des Berliner Architekten Stroh zurückgeht. Die malerische, landschaftliche Gegebenheiten geschickt ausnutzende Anlage folgt Anregungen französischer Schlossbaukunst des 16. Jahrhunderts. Als Erweiterungsbau wurde 1913 der vom Stralsunder Architekten Juhre projektierte Marstall angefügt. Einer kleinen Sensation glich die kürzliche Wiederentdeckung von Raumgestaltungen im Hauptbau nach Entwürfen von Henri van de Velde.

Das nahe am Großen Jasmunder Bodden gelegene Alte Schloss geht baugeschichtlich auf den Propsteihof des bischöflichen Gutes zurück. Es war im 16. Jahrhundert in sparsamen Renaissanceformen überbaut und 1665 um einen rückwärtigen Trakt erweitert worden. Der ältere Bauteil wurde um 1890 abgerissen und wenig später in freier Anlehnung an die überlieferten Renaissancedetails aufs Neue, diesmal jedoch zweigeschossig errichtet.

Zwischen Dorf und Schloss liegt ein bemerkenswerter Park mit artenreichem Baumbestand. Er wurde 1830–40 angelegt, um 1900 erweitert, und es deutet alles darauf hin, dass von Anfang an ein Landschaftspark geplant war.

Die Restaurierungsarbeiten am Neuen Schloss sind 2002 abgeschlossen. Eine Hotelnutzung ist vorgesehen.

Anfahrt

Ralswiek, am Südufer des Großen Jasmunder Boddens gelegen, ist von Bergen nur 6 Kilometer entfernt und leicht zu erreichen. Wer von der Halbinsel Jasmund über den Damm bei Lietzow zurück aufs "Festland" fährt, landet fast zwangsläufig in Ralswiek.

Info

Ralswiek selbst ist ein kleiner Ort, der nur aus ein paar Häusern besteht. Das benachbarte Bergen bietet aber die in Ralswiek nicht vorhandene Infrastruktur. Im dortigen Stadtmuseum Bergen (untergebracht im historischen Klosterhof hinter der Kirche) kann man die frühgeschichtlichen Funde des slawischen Siedlungsplatzes Ralswiek besichtigen.

Touristen-Information Bergen, Markt 11, 18528 Bergen, Fon 0 38 38/ 81 12 06, Fax 0 38 38/ 25 60 95.

Schlosshotel Ralswiek, Parkstraße 35, 18528 Ralswiek, Fon 0 38 38/ 3 13 44. www. schlosshotel-ralswiek.de

Tipp

Ralswiek wird im Allgemeinen nicht mit dem dortigen Schloss in Verbindung gebracht, sondern mit den Störtebeker-Festspielen auf der berühmten Freilichtbühne. Auf einer der größten und romantischten Naturbühnen Europas feiert hier im Sommer der legendäre Seeräuber Auferstehung. Jedes Jahr wird vor der Kulisse des Großen Jasmunder Boddens eine neue

Schloss Ralswiek
Inmitten eines großen Parks mit artenreichem Baumbestand

Episode aus dem Leben Störtebekers mit mehr als hundert Komparsen, mit Schiffen und Pferden in Szene gesetzt. Dieses Spektakel erfreut sich nicht nur bei jugendlichen Freunden der Seeräuberromantik einer enormen Beliebtheit.
Störtebeker-Festspiele, Am Bodden 100, 18528 Ralswiek,
Fon 0 38 38/ 3 11 00, Fax 0 38 38/ 31 31 92.

Ralswiek
Holzkapelle, 1907 als Geschenk von Schweden an Graf Douglas hierher gebracht

34 SPYKER

In der filigranen Boddenlandschaft, wo Himmel und See ineinander verschwimmen, nimmt sich das Schloss von fern wie ein ruhender Fels aus. Die Geschichte des Schlosses Spyker lässt sich bis ins 13. Jahrhundert zurückverfolgen. Es gilt heute als bedeutendster Profanbau der Insel Rügen.

Ende des 16. Jahrhunderts als turmbewehrtes Festes Haus in Renaissanceformen angelegt, wurde der Baukörper nach 1650 eingreifenden barockisierenden Umbauten unterworfen. Hierauf gehen das vereinheitlichende Satteldach mit den Schaugiebeln sowie die geschweiften Turmhauben zurück. Aus jener Zeit stammen auch die wertvollen Stuckdecken von Eriksson und Lohr mit den Darstellungen von Perseus und Andromeda, dem Parisurteil, den vier Jahreszeiten und vier Elementen in reichem ornamentalem Dekor. Leider nicht erhalten, jedoch archivarisch belegt, bleibt auf den repräsentativen Wirtschaftshof ebenso zu verweisen wie auf den 1653–58 angelegten Barockgarten. Auftraggeber war der in Anerkennung seiner militärischen Verdienste mit Spyker belehnte schwedische Feldherr Carl Gustav v. Wrangel († 1676), der als Generalgouverneur das 1648 an Schweden gefallene Vorpommern verwaltete. Durch Kauf gelangte die Besitzung 1815 an die Putbuser Fürsten. Das nach 1945 lange vernachlässigte und 1992–1994 entsprechend denkmalpflegerischen Vorgaben restaurierte und modernisierte Gebäude wird heute als Hotel und Restaurant genutzt.

Von Spyker aus erschließen sich die teilweise einmaligen Natur- und Kulturdenkmäler der nördlichen Insellandschaften Jasmund und Wittow. Erinnert sei an den Dobberworth bei Sagard, 6 Kilometer südlich Spyker, den wohl gewaltigsten bronzezeitlichen Grabhügel in Mecklenburg-Vorpommern, an die Herthaburg, eine slawische Befestigung aus dem 11./12. Jahrhundert unweit der berühmten Kreidefelsen, an das überwältigende jungsteinzeitliche Hünenbett bei Nobbin – auf Wittow, an der Küste kurz vor Kap Arkona – sowie an die weithin bekannte Jaromarsburg, direkt am Kap Arkona gelegen.

SCHLOSS SPYKER
Malerisch am Großen Jasmunder Bodden gelegen

Hier befand sich einst das 1168 durch die Dänen zerstörte Heiligtum des slawischen Stammes der Ranen, der einstigen Herren der Insel.

Aus der frühen Zeit der dann einsetzenden Christianisierung stammt die sehenswerte, noch ganz romanischer Formensprache verpflichtete Dorfkirche zu Altenkirchen, dem Hauptort der Halbinsel Wittow. Sie birgt die viel erwähnte slawische Granitstele, die einer slawischen Begräbnisstätte entstammt. Bei der darauf zu erkennenden Figur – einen bärtigen Mann mit einem Horn – soll es sich um die Slawengottheit Swantewit handeln. Auf dem Friedhof der Dorfkirche Altenkirchen liegt der Dichter und Pfarrer Ludwig Theobul Kosegarten (1758–1818) begraben, dessen Schriften vielen "Rügenentdeckern" der Zeit um 1800 den Weg auf die Ostseeinsel gewiesen haben (Foto siehe Seite 247).

Aus der immer noch stattlichen Anzahl einstiger rügenscher Herrensitze heben sich einige architekturgeschichtlich interessante Bauten ab, die nicht unerwähnt bleiben sollten. In Granskevitz bei Trent umgibt ein mächtiger rechteckiger, dem 15./16. Jahrhundert zuzurechnender Ringwall mit Außengraben das alte Herrenhaus. Der Ringwall wurde später parkartig gestaltet. Das Herrenhaus stammt in seinen ältesten Teilen noch aus der Zeit um 1500. Im 17./18. Jahrhundert erhielt das Gebäude sein heutiges Aussehen, das maßgeblich durch den beschwingt wirkenden Treppenturm bestimmt wird. Der umfangreiche Gutshof mit Bauten teilweise noch aus dem 19. Jahrhundert wird seit 1990–91 vorbildlich gepflegt.

BOLDEVITZ

Das Boldevitzer Herrenhaus zwischen Bergen und Gingst, 8 Kilometer nordwestlich von Bergen (bei Ramitz links abbiegen) wurde um 1635 in nachwirkenden Renaissanceformen errichtet. Es gilt als seltenes Beispiel der so genannten Doppelhäuser, für die zwei zur Hoffront parallel verlaufende, vergiebelte Satteldächer charakteristisch sind. Der Kernbau wurde nach 1762 durch zwei niedrigere Seitenflügel erweitert. Das Hauptportal erhielt 1784 seine heutige Gestalt. Im Mitteltrakt befindet sich der damals ebenfalls umgestaltete

RÜGEN
Königsstuhl

Festsaal, für den die berühmten Tapetenmalereien (1762–64) von Jakob Philipp Hackert (1737–1807) geschaffen wurden. Hackert war des Öfteren durch den damaligen Boldevitzer Gutsherrn v. Olthoff auf Rügen eingeladen worden, und er gilt als erster Künstler von Rang, in dessen Werk Motive der Inselwelt ablesbar sind. Der im 19. Jahrhundert überarbeitete Gutspark ist in Resten erhalten. Als Besonderheit bleibt die für Rügen einmalige klassizistische Kapelle (1839) erwähnenswert.

Das Herrenhaus zu Kartzitz, 8 Kilometer nordwestlich von Ralswiek, entstand um 1750. Es zählt zu den schönsten Barockbauten auf Rügen. Die kleine Dreiflügelanlage demons-triert, wie sehr es das Form- und Raumempfinden dieses Baustils verstand, mit nur geringem architektonischem Aufwand ländliche Bauensembles von verhaltener Festlichkeit zu schaffen.

Dagegen nimmt sich das ebenfalls Mitte des 18. Jahrhunderts errichtete Groß Schoritzer Herrenhaus 4 Kilometer südlich von Garz, ganz im Norden Rügens, am Zugang zur Halbinsel Zudar bescheiden aus, repräsentiert aber den damals allgemein üblichen Bauaufwand bei herrschaftlichen Wohnbauten von kleineren Besitzungen oder – wie hier – Pachtgütern. Dennoch ist Groß Schoritz ein Begriff, denn in diesem Haus wurde der patriotische Schriftsteller und Dichter Ernst Moritz Arndt (1769–1860) geboren.

Anfahrt

Schloss Spyker liegt auf der rügenschen Halbinsel Jasmund, deren berühmte Kreideküste das Wahrzeichen Rügens ist. Spyker allerdings liegt im Hinterland, in der Nähe der Schaabe, einer Nehrung, über die man wiederum die nächste Halbinsel, Wittow erreicht. Von Sassnitz, Fährhafen und Hauptort der Halbinsel Jasmund, zu dem gute Bahnverbindungen bestehen, ist Schloss Spyker etwa 12 Kilometer entfernt. Von Bergen sind es 25 Kilometer über Lietzow, wo ein künstlich aufgeschütteter Damm die Halbinsel Jasmund mit dem "Festland" verbindet. Die Buslinien 404a (von Bergen) und 404b (von Sassnitz), die über die Schaabe führen, verlaufen in einiger Entfernung vom Schloss (Haltestelle Glowe).

Info

Schlosshotel Spyker, Schloßallee, 18551 Spyker, Fon 03 83 02/ 7 70, Fax 03 83 02/ 5 33 86, nicht nur für Hotelgäste wird im Schlossrestaurant serviert. Wer's urig-rustkal mag, für den gibt es im spätgotischen Kellergewölbe das Restaurant "Zum Alten Wrangel". Im Sommer ist der Bier- und Kaffeegarten von Schloss Spyker eine beliebte Alternative zum Strandkorb.

Gutsherrenhaus Neddesitz, Steigenberger MAXX Resort Rügen, 18551 Sagard, Fon 03 83 02/ 95, Fax 03 83 02/ 9 66 20.

Gut Reischvitz, 18528 Reischvitz, Fon und Fax 0 38 38/ 25 16 18.

Fremdenverkehrsbüro Sassnitz, Seestraße 1, 18556 Sassnitz, Fon 03 83 92/ 5 16 0, Fax 03 83 92/ 5 16 16.

Tourismusbüro Glowe, Hauptstraße 37, 18551 Glowe, Fon 03 83 02/ 52 21, Fax 03 83 02/ 52 52.

Tipp

Der Nationalpark Jasmund, der die herrlichen alten Laubwälder der Stubnitz umfasst, birgt mit dem Königsstuhl, dem steil abfallenden Kreidefelsen an der Küste, das Wahrzeichen Rügens. Durch ihre überwältigende Schönheit war die Stubnitz das erste Gebiet auf Rügen, das Fremde anlockte. Die Gemälde von Caspar David Friedrich waren dabei die perfekte Fremdenverkehrs-Werbung. Der berühmte Hochuferweg, der durch die Wälder des Nationalparks entlang der steilen Küste zum Königsstuhl führt, beginnt in Sassnitz. Von hier aus sind es etwa 12 Kilometer bis zu diesem überwältigenden Aussichtspunkt. Man sollte sich dieses einmalige Naturerlebnis nicht entgehen lassen. Eilige, Faule und Fußlahme gelangen mit einem Bus zum Königsstuhl; mit dem Auto ist er nicht zu erreichen.

Eine Alternative zum Ausflug an Land stellt ein Schiffsausflug zu den Kreidefelsen dar. Im Hafen von Sassnitz bieten diverse Reedereien diese beliebte Touristenfahrten an.

Rügen
Kreisdefelsen Jasmund

35 JAGDSCHLOSS GRANITZ/BINZ

Die Granitz, ein ausgedehntes Waldgebiet im Südosten der Insel Rügen, gehörte dem Haus Putbus bereits seit 1472. In der Nähe eines barocken Jagdhauses entstand ab 1837 auf ihrer höchsten Erhebung, dem 106 Meter hohen Tempelberg, das heutige Jagdschloss. Der kastellartig wirkende Bau geht auf Entwürfe des Berliner Architekten Johann Gottfried Steinmeyer d. J. zurück.

Diskutiert wird, dass dabei eine Ideenskizze des damaligen preußischen Kronprinzen und nachmaligen Königs Friedrich Wilhelm IV. zugrunde gelegen habe. Spätere Plankorrekturen gehen auf den Bauherrn Fürst Wilhelm Malte zurück. Wesentliche Anregungen sind indes Schinkel zu verdanken. Nach seinem Entwurf wurde 1844 der markante Mittelturm über dem ursprünglich offenen Lichthof errichtet. Dieses Bauglied birgt die viel gerühmte, 154 Stufen zählende Gusseisen-Treppe, ein Schinkels Formenwelt verpflichtetes Meisterwerk der Berliner Firma Egells. Sie führt zur Aussichtsplattform, von wo aus sich ein vielgestaltiges Landschaftspanorama erschließt.

Damals, um 1843 wurde auch das Gebäudeinnere einer Neuordnung unterworfen. Es entstand eine repräsentative Raumfolge mit dem aufwendigen Marmorsaal (1851) als Höhepunkt. Die historistischen Raumgestaltungen sind ungemein prächtig. Ähnlich wie beim Schweriner Schloss kamen industriell vorgefertigte Bau- und Dekorationselemente reichlich zur Anwendung. Es wäre falsch, hierin billige Imitationen sehen zu wollen. Vielmehr belegen solche Details das zeitgenössische Bemühen, mit modernen technischen Mitteln neuartige künstlerische Formen zu erschließen.

Das Jagdschloss Granitz kann auf eine hundertjährige Museumstradition zurückblicken. Leider ging die ursprüngliche Ausstattung 1945 verloren. Aber nach umfangreichen Restaurationen und angemessenen Ergänzungen des Rauminventars ist inzwischen wieder eine Atmosphäre von hoher Authentizität entstanden. 1993 konnte eine

Jagdschloss Granitz
Erbaut ab 1837 auf dem Tempelberg

Jagdausstellung zum Thema "Schalen- und Raubwild der Insel Rügen" eröffnet werden. Zum Schlossensemble zählen Nebenbauten, so das Gast- und Forsthaus (ab 1847) sowie drei Torhäuser.

Anfahrt

Das Jagdschloss Granitz liegt in dem Waldgebiet der Granitz im Südosten der Insel Rügen, zwischen den Ostseebädern Binz und Sellin.

Die sicher beste Art, zum Jagdschloss Granitz zu kommen, stellt der "Rasende Roland" dar (siehe (36) Putbus). Direkt am Fuße des Tempelberges liegt der Haltepunkt Jagdschloss; der Aufstieg zum Schloss dauert dann noch etwa 45 Minuten.

Wer gut zu Fuß ist, nimmt die Chance wahr, den Besuch des Jagdschlosses mit einer Wanderung durch die Granitz, einen herrlichen, schattigen Buchenwald, zu verbinden. Die Granitz ist das größte zusammenhängende Waldgebiet und eine der schönsten Regionen Rügens. Ein Netz gut markierter Wanderwege durchzieht die Granitz. Die Ostseebäder Binz und Sellin, jeweils am West- und Ostrand des Gebietes gelegen, sind beste Ausgangspunkte.

Info

Museum Jagdschloss Granitz, 18609 Binz, Fon 03 83 93/ 22 63, Fax 03 83 93/ 2 12 83. Das Jagdschloss Granitz wird heute offiziell als Jagdmuseum geführt und besitzt eine in Europa einmalige Sammlung. Ein Besuch des Schlosses sei unbedingt empfohlen. Die wieder hergerichteten und im alten Stil möblierten Räume lohnen allemal die Besichtigung, und eine Besteigung des Turmes ist schon wegen des überwältigenden Ausblicks Teil des touristischen Pflichtprogramms.

Fremdenverkehrsverein Binz, Jasmunder Straße 1, 18609 Ostseebad Binz, Fon 0 38 39/ 27 83, Fax 03 83 93/ 3 07 17.

Kurverwaltung Binz, Heinrich-Heine-Straße 7, 18609 Ostseebad Binz, Fon 03 83 93/ 3 06 75, Fax 03 83 93/ 14 81 45.

Fremdenverkehrsverein Sellin, Wilhelmstraße 40, 18586 Ostseebad Sellin, Fon 03 83 03/ 8 70 06, Fax 03 83 03/ 8 60 75.

Kurverwaltung Sellin, Warmbadstraße 4, 18586 Ostseebad Sellin, Fon 03 83 03/ 16 11, Fax 03 83 03/ 8 72 05.

Tipp

Nachdem Schlossbesucher sich jahrelang mit einem besseren Imbiss am Schloss begnügen mussten, hat sich inzwischen im Keller des Baues das Restaurant Alte Brennerei, Fon 03 83 93/ 3 28 72, etabliert, das mittelalterliche Speisen in entsprechendem Ambiente serviert. Wer keine Angst hat, sich an den aus alten Schiffsplanken gezimmerten Bänken einen Splitter zu holen, kann zu – für ein Ausflugslokal – moderaten Preisen satt werden.

Sowohl Binz als auch Sellin sind berühmt für ihre klassische Seebäder-Architektur. Ganze Straßenzüge stehen in ihrer Gesamtheit unter Denkmalschutz. In den hundert Jahre alten Streit, ob nun Binz oder Sellin der schönere Ort ist, soll hier nicht eingegriffen werden, doch zur Orientierung dieser Hinweis: Binz versuchte und versucht sich als mondän und "weltniveaumäßig" zu präsentieren, Sellin versteht sich dagegen als gutbürgerliches Familienbad mit bewusster Orientierung auf Sport und Naturerleben. Natürlich wähnen sich beide Bäder dem jeweils anderen überlegen.

Südöstlich von der Granitz, vom benachbarten Lancken-Granitz aus in Richtung Putbus erstreckt sich entlang der Stresower Bucht eine jungsteinzeitliche Gräberlandschaft. In ihrer Häufung stellen diese mehr als 4000 Jahre alten Großsteingräber etwas Außergewöhnliches dar.

36 PUTBUS

Putbus gilt als die schönste Stadt auf Deutschlands größter und schönster Insel Rügen. In seiner auf die Landschaftsformation abgestimmten Synthese von Fürstensitz, Stadtanlage und dem 1817 gegründetem Seebad Lauterbach stellt Putbus ein überragendes klassizistisches Bauensemble dar. Die kleine, einheitlich in den Formen der Berliner Bauschule gehaltene Residenz entstand schrittweise zwischen 1808 und 1840. Obwohl Anregungen durch das nur wenig ältere Vorbild Doberan-Heiligendamm unübersehbar sind, bleibt die maßgebliche Rolle des mitplanenden Auftraggebers, des Fürsten Wilhelm Malte I. († 1854), unbestritten.

Architekturgeschichtlich zählt Putbus zu den letzten planmäßigen Fürstengründungen. Im Einzelnen lässt die Stadtanlage Planungs- und Gestaltungselemente erkennen, die entfernt an das 1725–80 erweiterte englische Modebad Bath erinnern.

Die geschichtlichen Wurzeln von Putbus reichen bis in slawische Zeit zurück. Die Archäologen haben herausgefunden, dass sich hier bereits um 1200 eine burgartige Befestigung befand. In deren Areal entstand das Steinerne Haus, der 1371 erstmals erwähnte Wohnsitz des Geschlechts derer v. Putbus. Hieraus entwickelte sich nach wiederholten Erweiterungen und Umbauten das spätere, zuletzt 1867 überformte ehemalige Schloss. Es war kurzsichtig, dass dieses für Rügen wichtige Bauwerk trotz vorliegender Nutzungskonzeptionen schließlich bis 1962 abgetragen worden ist. Der Verlust wiegt schwer, denn seither fehlt nicht nur dem malerischen Schlosspark, sondern auch dem städtebaulichen Gesamtensemble ein wichtiger Kristallisationspunkt. Heute erinnert nur noch eine an der Ostseite des Schlossteiches gelegene Treppenanlage mit Pergola – Reste einer großen Terrassenanlage – an die einstige Lage und Größe des Schlosses. Der schöne Ausblick, der sich von hier aus auf das malerisch angelegte Gewässer bietet, vermittelt aber noch etwas von dem gelungenen Zusammenspiel zwischen Architektur und Gartenarchitektur.

PUTBUS
Der Circus, eine klassizistische Platzanlage

Auf jeden Fall aber gestaltet sich ein Besuch der Parkanlage, die auch ohne Schloss noch immer Schlosspark heißt, zu einem Erlebnis, nicht zuletzt wegen der zahlreichen dendrologischen Kostbarkeiten. Bemerkenswert ist, dass der zwischen 1805 und 1830 ausgeführte Landschaftspark mit Staffagearchitekturen bestückt ist, die nach Funktion und Bautyp der höfischen Gartenkunst des 18. Jahrhunderts entstammen. Hierbei handelt es sich um Marstall (1821–24), Orangerie (1824 bzw. 1853), Fasanenhaus (um 1835, eine Ruine) und Affenhaus (um 1835). Der 1844–46 nach Plänen von Stüler und Steinmeyer d. J. errichtete Kursalon erfuhr später eine Umgestaltung zur Kirche (1891–92). Hinzuweisen bleibt schließlich auf das von Friedrich Drake 1859 geschaffene Denkmal für den Fürsten Wilhelm Malte, den Schöpfer des klassizistischen Putbus.

Nördlich vom ehemaligen Schlossbezirk entfaltet sich die Stadtanlage. Als Hauptachse setzt die Alleestraße beide Bereiche räumlich-gestalterisch voneinander ab. Sie begrenzt den fürstlichen Garten und ist an der dem Garten gegenüberliegenden Seite von einheitlich gereihten historischen Wohnhäusern bebaut. Etwa in Sichthöhe zum einstigen Schloss öffnet sich der Straßenzug zum rechteckigen Marktplatz. Seinen Zugang markieren zwei akzentuierte Baukörper: das von Wilhelm Steinbach entworfene Theater (1819–21) sowie das von Johann Gottfried Steinmeyer d. J. geplante Hotel Fürstenhof (1819–34).

Die Alleestraße mündet dann in einen seit 1828 ausgebauten kreisförmigen Platz, den so genannten Circus. Sein Geländegefälle sowie die nur lockere Umbauung mit zwei- oder dreigeschossigen, von schlichten, weißen klassizistischen Fassaden geschmückten Gebäuden ermöglichen mannigfaltige Sichtbeziehungen zur charakteristischen Küstenlandschaft des Greifswalder Boddens. Von hier ausstrahlend erstrecken sich gestalterisch nuancierte Zuwege, die durch weitläufige landschaftsgärtnerische Maßnahmen miteinander vernetzt sind und nach Bergen, zum Fürstensitz oder zu den Badeanlagen in Lauterbach führen. Der Circus bildet den Angelpunkt der Stadtanlage, sein Zentrum ziert ein Obelisk, der 1845 aufgestellt wurde und an die Gründung von Putbus erinnert.

Ähnlich wie in Doberan bleibt städtebaulich-funktionell zwischen einem urbanen wie repräsentativen Zentrum im Ortsgefüge zu unterscheiden.

Das nahe gelegene Lauterbach – nur etwa 2 Kilometer von Putbus – lohnt einen Abstecher. Eine schöne alte Allee führt direkt auf das klassizistische Badehaus "Zur Goor" (1817–30). Die prächtige, 50 Meter lange Schaufassade dieses Gebäudes mit ihren 18 mächtigen Säulen erinnert an das nur wenig ältere Kurhaus in Heiligendamm, was aber die künstlerische Leistung keineswegs mindert.

Aufs Engste mit der Geschichte des Putbuser Fürstenhauses ist die Dorfkirche zu Vilmnitz, nur 3 Kilometer östlich von Putbus an der Alleenstraße in Richtung Sellin, verbunden, war sie doch über viele Generationen eine Grablege dieser Familie von Putbus. Der seit Mitte des 13. Jahrhunderts errichtete Backsteinbau birgt eine ungewöhnlich reiche Ausstattung. Sie kulminiert im Altaraufsatz und in den vier Sandsteinepitaphien (1599–1603), die als Arbeiten des Brandin-Schülers Claus Midow gelten.

Anfahrt

Kurz bevor die berühmte Deutsche Alleenstraße im Ostseebad Sellin endet, führt die wunderschöne Strecke durch Putbus, etwa auf halber Strecke zwischen Garz und Sellin. Die Stadt Putbus liegt im Südosten der Insel am Rügenschen Bodden. Von der Hauptstadt Bergen führt eine 7 Kilometer lange Landstraße in nördlicher Richtung direkt auf den Circus.

Der Autobus der Linie 6 verkehrt zwischen Bergen und Stralsund über Putbus und Garz, Haltestellen auch direkt am Circus und am Theater.

Sogar eine Bahnlinie führt von Bergen nach Putbus und weiter bis Lauterbach, wo die Strecke quasi am Strand verebbt. Noch verkehren mehrere Züge täglich.

Außerdem ist Putbus Ausgangs- und Endpunkt des "Rasenden Rolands" (siehe Tipp).

Info

Zentrale Auskunftsstelle für die gesamte Insel ist der Tourismusverband Rügen, Am Markt 4, 18528 Bergen, Fon 0 38 38/ 8 07 70, Fax 0 38 38/ 25 44 40.

Putbus-Information, Alleestraße 5, 18581 Putbus, Fon und Fax 03 83 01/ 4 31.

Rügen-Besucher-Service Putbus GmbH / Zimmervermittlung, August-Bebel-Straße 1, 18581 Putbus, Fon 03 83 01/ 6 05 13, Fax 03 83 01/ 6 13 95.

Theater Putbus, Alleestraße 9a, 18581 Putbus, Fon 03 83 01/ 80 80, Fax 03 83 01/ 80 83 9.

Rügener Puppen- und Spielzeug-Museum, Affenhaus im Schlosspark Putbus (Parkseite an der Kastanienallee), Fon 03 83 01/ 6 09 59. Im Affenhaus ist auch ein kleines, vom Museumsdirektor betriebenes Café untergebracht.

Historisches Uhren- und Musikgeräte-Museum, Alleestr. 13, 18581 Putbus, Fon und Fax 03 83 01/ 6 09 88. Feinmechanische Wunderwerke sind in diesem jüngsten rügenschen Museum zu bestaunen.

Tipp

In Putbus-Wreechen am Ende der den Schlosspark flankierenden Kastanienalle bietet der Wreecher Hof anspruchsvollen und Wellness-orientierten Reisenden in einem Komplex aus mehreren neu erbauten Reetdachhäusern ein komfortables, gediegenes Quartier. Das Restaurant des Wreecher Hofes ist auf jeden Fall erste Wahl in Putbus, zumal sich die Gastronomie in dem einst mondänen Ort ansonsten noch auf einem verblüffend niedrigen Niveau bewegt. Kastanienallee, 18581 Putbus-Wreechen, Fon 03 83 01/ 85 0, Fax 03 83 01/ 8 51 00.

Am Hafen von Lauterbach starten Ausflugsdampfer zu Fahrten rund um die in Sichtweite liegende kleine Insel Vilm. Das malerische Eiland im Rügenschen Bodden steht unter strengem Naturschutz. Anlegen und Betreten sind verboten, aber eine Umrundung vom Wasser aus lohnt auf jeden Fall. Infotelefon der Reederei Lenz: Fon 03 83 01/ 6 18 96.

Der "Rasende Roland", die legendäre Kleinbahn, verkehrt auf der 24 Kilometer langen Strecke zwischen Putbus und dem Ostseebad Göhren. Dabei fährt der mit einer Geschwindigkeit von 30 Stundenkilometern ratternde Dampfzug auch das Jagdschloss Granitz an. Eine Fahrt mit dem Roland ist schon für sich ein Erlebnis, wenn der Zug uns aber auch noch direkt zum nächsten Ziel der Streifzüge über Rügen bringt, dann ist der "Rasende Roland" die attraktivste Form der Fortbewegung.

Rügen
Stoppelfelder Mönchgut

DORF UND KIRCHE VITT

Oberhalb der Steilküste befindet sich ein Fußweg vom Parkplatz Putgarten in das Dorf Vitt (ca. 1 km) mit seiner kleinen Kapelle. Dorf und Kirche, ein schlichter achteckiger Bau, stehen unter Denkmalschutz. Der Ursprung der Siedlung waren die saisonalen Heringsfangplätze entlang der Küste. Um den Fischern von Vitt den Besuch eines Gottesdienstes zu ermöglichen, wurden zunächst so genannte Uferpredigten unter freiem Himmel abgehalten. 1806 ließ Ludwig Gotthard Kosegarten, Pfarrer in Altenkirchen, dann die Schutzkapelle errichten. Seit 1990 ziert den Innenraum eine Kopie von Phillip Otto Runges Bild „Petrus auf dem Meer" und ein Gemälde von Gabriele Mucchi „Menschen im Sturm". Während der Saison finden in der Kapelle verschiedene Veranstaltungen statt. Bitte informieren Sie sich bei der Tourist-Information.

KIRCHENGEBÄUDE VITT AUF RÜGEN,
1806 als Schutzkapelle errichtet

Kirche Altenkirchen
Ältester Sakralbau der Insel Rügen

Tipp

Für Ausflüge nach Rügen und Hiddensee empfiehlt sich das Schloss Krönnevitz – 9 Kilometer vor Stralsund. Erstmalig wurde Krönnevitz 1268 erwähnt. Später, bis 1815, gehörte es zum Königreich Schweden und wurde nach dem Wiener Kongress an Preußen übergeben. Der Bau des Schlosses erfolgte Anfang des 19. Jahrhunderts im klassizistischen Stil und diente Wohn- und Wirtschaftszwecken. Um 1914 wurde das Gebäude um das Portal mit den ionischen Säulen und um den Balkon ergänzt. Nach Jahren des Verfalls wurde das Schloss umfangreich restauriert. Das Gesamtensemble lässt wieder den Charakter eines Gutshof-Dorfes erkennen. Das Haus kann leider nicht von Innen besichtigt werden, es sei denn Sie buchen das ganze Schloss in Form der 270 qm großen Ferienwohnung:
Fon 0 49 21/ 2 02 27, Fax 0 49 21/ 95 34 92,
www.schloss-kroennevitz.de

VORPOMMERN – ZWISCHEN PEENE UND RANDOW

Deutsche Alleen-straße
Dänische Wiek
Greifswald
38
Griebenow
37
Nehringen
Trebel
Peene
Karlsb
Quil
Kartlow
Vanselow
39
Neetzo
Demmin
Kummerower See
Klempenow
Spanteko
Neubrandenbur
Tollense-see
Müritz

Vorpommern – zwischen Peene und Randow

37 NEHRINGEN

Ein kaum bekanntes, um 1780 von der Familie des schwedischen Generalgouverneurs von schwedisch Pommern erbautes, barockes Gutsensemble hat sich in Nehringen erhalten, einem Ort, der in der stillen Trebelflusslandschaft malerisch versteckt liegt. Das Ensemble zeigt schlichten – dennoch großzügigen südschwedischen Landhausstil.

Die im Park gelegene imposante, in dieser Gegend einzige noch hoch aufragende Ruine eines mittelalterlichen Bergfrieds (14. Jahrhundert) deutet auf eine frühere Burganlage, die gleich anderen die hier verlaufende alte Grenze zwischen Pommern und Mecklenburg schützen sollte. Das spätere Gutsdorf entstand im 18. Jahrhundert auf einer Anhöhe oberhalb der morastigen Trebelwiesen. Um ein Rasenrondell gruppiert sich das behäbige Herrenhaus mit seinen zwei Kavaliershäusern, die ihm in zwangloser Symmetrie zugeordnet sind. Auf der gegenüberliegenden nördlichen Seite reihen sich die innen in schwedischem Barock ausgestaltete Dorfkirche mit Friedhof sowie der Kopfbau vom Wirtschaftshof (frühere schwedische Grenzgarnison) aneinander. Ein Straßennetz lockert diese Abfolge räumlich auf. Zudem vermittelt es zum Gutsdorf. Ergänzend sei auf ein wenig beachtetes technisches Denkmal verwiesen, die hölzerne Zugbrücke (1907) über die Trebel.

GRIEBENOW

Obgleich sich der Ort Griebenow zu Nehringen, 36 Kilometer nordöstlich von Nehringen entfernt, schon kurz vor Greifswald befindet, soll er hier Erwähnung finden, weil sich die dortige Gutsanlage so gut als Vergleich zu Nehringen eignet.

Diese ebenfalls weniger bekannte barocke Gutsanlage lohnt daher unbedingt einen Abstecher. Unter Einbeziehung eines älteren Vorgängerbaus entstand der repräsentative

Nehringen
Behäbiges Herrenhaus mit Nebentrakten

Herrensitz im frühen 18. Jahrhundert für den in schwedischen Diensten stehenden Grafen Carl Gustav v. Keffenbrinck-Rehnskiöld. Ungeachtet einiger fehlender Details blieb der Baukörper mit seiner charakteristischen Dachkonstruktion erhalten. Unter den einstigen Wohn- und Gesellschaftsräumen sticht der zweigeschossige, aufwendig stuckierte Festsaal hervor, ein treffliches Beispiel barocker Innenarchitektur.

Von der im 18. Jahrhundert angelegten Parkanlage haben sich beträchtliche Teile erhalten. In typisch barocker Regelmäßigkeit sind Kavaliershaus und Marstall dem Hauptgebäude zwar zugeordnet, als Nebenbauten aber hinter einer Allee verborgen. Zwei einfache Torhäuser begrenzen das Schlossensemble zum Dorf hin.

Eine Rarität stellt die 1616 errichtete Dorfkirche dar. Dabei handelt es sich um einen fünfzehnseitigen Zentralbau aus Fachwerk. Den Eckständern sind jeweils Säulenstützen vorgelegt, die das steile Zeltdach bzw. im Inneren das vielrippige Zeltgewölbe tragen. Die schöne Ausstattung stammt noch aus der Bauzeit.

Anfahrt

Nehringen liegt etwa 50 Kilometer südlich von Stralsund und 20 Kilometer nordwestlich von Demmin, 10 Kilometer nordöstlich von Gnoien oder 11 Kilometer südöstlich von Tribsees.

Tipp

Etwa 20 Kilometer östlich von Nehringen, an der B 194 zwischen Demmin und Loitz, steht in dem Ort Rustow ein klassizistisches Schlösschen von 1810, das nahe am Ufer der Peeneniederung steht und einen hübschen Park mit alten Bäumen besitzt.

38 ST. NIKOLAI IN GREIFSWALD

Die Kirche der Universität

Ein Kloster steht hier an der Ryckmündung etwa seit dem Jahre 1200. Und nachdem sich ab 1240 zunehmend Einwanderer aus dem west- und nordwestdeutschen Raum ansiedeln, erhält der Marktflecken „Gripheswald" 1250 Lübecker Stadtrecht.

Der Bau des schlanken Domes St. Nikolai beginnt zeitgleich mit dem Bau der Marienkirche, der „Dicken Marie" bereits im 13. Jh.

Zuerst entsteht an der höchsten Stelle der Stadt eine dreischiffige Backstein-Hallenkirche, die 1308 sogar eine eigene Gerichtsbefugnis erhält. Zwischen den Jahren 1360 und 1420 wird die nunmehrige Probsteikirche zur gotischen Basilika ohne Querschiff umgebaut und noch um drei auf acht Joche verlängert. Gleichzeitig erhöht man das Mittelschiff. Ende des 14. Jh. errichten die Bauleute das Turmmittelgeschoss, und der neue dreiseitige Chor entsteht bis 1411.

Aus der Hand der 1456 gegründeten Universität erhält der Dom seine Kirchenglocke.

Nachdem der schlanke gotische Turm aus dem 15. Jh. erstmals 1515 einstürzt, führt sein erneuter Einsturz im Jahre 1650 zu einer regelrechten Katastrophe: Er durchschlägt die reichen Gewölbe und vernichtet beinahe den gesamten Ostgiebel. Der neue dreifache Barockhelm des Westturmes von 1653, eine so genannte Welsche Haube, lässt die Kirche nun in den Himmel wachsen – es fehlen ganze 3 cm zur 100-m-Marke. Seitdem beherrscht dieser Kirchturm das Stadtbild der Hansestadt.

Unter Federführung des Schinkelschülers Gottlieb Giese entsteht in den Jahren 1824 –1833

St. Nikolai in Greifswald
Der "Schlanke Nikolaus"

die neogotische Ausstattung als Zeichen einer romantischen Umgestaltung – beispielsweise der Altar mit Schranke sowie Kanzel und Orgelprospekt. Des Weiteren befinden sich in den Seitenschiffen und Kapellen wertvolle Professoren – und Pastorenbildnisse sowie kunstvolle Grabmäler aus den Epochen der Spätgotik, der Renaissance und des Barock.

Der Volksmund nennt diesen Kirchenbau übrigens „Schlanken Nikolaus", im Gegensatz zur anfangs erwähnten „Dicken Marie".

Nach dem 2. Weltkrieg ist der Dom St. Nikolai zu Greifswald Bischofssitz.

Standort

Unmittelbar im Zentrum der Altstadt, vom Marktplatz etwa 200 m entfernt.

39 NEETZOW

In der Region südlich von Greifswald bieten auf engem Raum gleich mehrere Schlösser und Herrenhäuser dem Kenner lohnende Ziele: Klempenow und die Festung Spantekow, Vanselow und Kartlow. Als Ausgangspunkt aber bietet sich Neetzow an.

Eine Babelsberg-Reminiszenz ist das Neetzower Schloss. Auch hier bleibt das bewusste Anknüpfen an die Romantik englischer Landsitze unübersehbar. Das 1848–51 nach Plänen von Friedrich Hitzig ausgeführte Gebäude entstand als Auftragswerk des wirtschaftlich außergewöhnlich erfolgreichen Wilhelm v. Kruse († 1866). Die vielgliedrige, ausgewogen gestaffelte Anlage entwickelt sich über einem asymmetrischen Grundriss. Dadurch wirkt der Baukörper ungemein plastisch. Dennoch ist die Fassadengliederung im Einzelnen klar und übersichtlich, sind Baumaterial und Dekor überaus sorgfältig behandelt. In alledem atmet etwas vom Architekturempfinden der Schinkel-Schüler, zu denen auch Hitzig zählte. Die Bausteine – gelbe, als für die Region untypische Klinker – sind übrigens in der gutseigenen Ziegelei hergestellt. Aus der einst bekannten Berliner Feilner-Fabrik stammen die vielfältigen figürlichen und ornamentalen Schmuckelemente. Von bemerkenswerter Qualität sind ferner die gusseisernen Bauelemente.

Trotz einiger Detailverluste 1964 bleibt der Gesamteindruck dieser großzügig gehaltenen Architekturkomposition beachtlich. Von der ursprünglich reichen Innenarchitektur künden einige original erhaltene Raumdekorationen.

An den Schlossbau schließt sich ein ausgedehnter Landschaftspark an, bei dessen Planung Lenné beraten haben soll. Abgerundet wird das Gutsensemble durch den großen Wirtschaftshof.

Schloss Neetzow
Eine Babelsberg-Reminiszenz

Festung Spantekow
Flachlandfestung, eine Rarität in Mecklenburg-Vorpommern

BURG KLEMPENOW

In Klempenow, etwa 13 Kilometer südlich von Neetzow direkt an der B 96 gelegen, findet man noch heute mittelalterliche Burgenromantik.

Lange Zeit galt der Verbund von Klempenower Burg und nahe gelegener Veste Landskron (Veste: veraltet für Feste) als wichtige pommersche Grenzsicherung gegenüber Mecklenburg. Erst mit dem 30-jährigen Krieg büßten diese Befestigungen ihre Bedeutung ein und verfielen allmählich.

Nahe beim Zusammenfluss von Großem Landgraben und Tollense erhebt sich auf einer kleinen Anhöhe inmitten angrenzender Moorwiesen die Burg Klempenow. Die 1331 erstmals erwähnte Anlage ist seit dem 16. Jahrhundert wiederholt verändert worden. Erhalten blieben schließlich das einstige Wohngebäude sowie der nordöstliche Eckturm mit massivem Helm und Aborterker.

Im benachbarten Neuendorf beeindrucken die immer noch gewaltigen Überreste der 1576–79 errichteten Veste Landskron. Schon seit dem 30-jährigen Krieg in Verfall, gilt die Anlage seit dem 19. Jahrhundert als romantischste Burgruine Pommerns. Von hier aus bietet sich ein schöner Blick auf die Weite der Landgraben-Niederung.

FESTUNG SPANTEKOW

Liebhaber von Burgen dürfen auch einen Besuch der Festung Spantekow, 15 Kilometer südöstlich von Neetzow, nicht versäumen. Denn Flachlandfestungen solchen Ausmaßes wie in Spantekow – die umbaute Fläche misst 190 x 250 Meter – stellen in Mecklenburg-Vorpommern eine ausgesprochene Rarität dar. Ihr Ausbau von einer mittelalterlichen Burg zur neuzeitlichen Wehranlage erfolgte 1558–67. Auftraggeber war Ulrich I. v. Schwerin († 1575), der einflussreiche Ratgeber des Wolgaster Pommernherzogs Philipp I. († 1560). An den Bauherrn und seine Gemahlin Anna v. Arnim erinnert die aufwendige Relieftafel oberhalb des Festungseingangs. Sie zeigt Ulrich v. Schwerin und seine Gemahlin fast lebensgroß.

Dem Stand damaliger Militärtechnik entsprechend entstand die Befestigung auf unregelmäßigem Grundriss. Bis zu 50 Meter breite Wassergräben, etwa vier Meter starke Erdwälle, Kasematten und Eckbastionen boten einen sicheren Schutz vor Feuerwaffen. Im Festungsinneren haben sich in sparsamen Renaissanceformen ausgeführte, später veränderte Wirtschafts- und Wohnbauten mit bauzeitlicher Raumgestaltung erhalten. Dazu zählt der Remter im Hauptgebäude. Es handelt sich dabei um einen zweischiffigen, gewölbten Saal, an dessen Nordwand ein auf 1576 datierter Kamin steht.

Den 30-jährigen Krieg überstand die Festung ohne nennenswerte Schäden. Erst 1677, während des schwedisch-brandenburgischen Krieges, wurde die Anlage in Teilen geschleift. Die Kasematten blieben erhalten und können besichtigt werden.

VANSELOW

Ein Ausflug in westlicher Richtung von Neetzow führt nach 15 Kilometern über die B 110 nach Vanselow. Entlang einer alten Allee, vorbei an wieder hergestellten Wirtschaftsbauten und einer gepflegten Dorfkirche führt der Weg auf das Vanselower Herrenhaus, das sich mit seiner breiten Auffahrt einladend öffnet. Die Geschichte reicht hier weit zurück. In unmittelbarer Nähe vom Dorfkern blieb eine 1265 erstmals erwähnte Burgstelle erhalten, von der sogar noch Baureste existieren. Im Jahre 1332 kam das Gut zu den v. Maltzahns, einer uralten ostelbischen Familie, deren Nachkommen hier seit 1990 wieder Landwirtschaft, ein Hotel sowie gepflegte Gastronomie betreiben.

Und es bleibt an Hans Karl v. Winterfeldt zu erinnern, einst Flügeladjudant Friedrichs des Großen, der in Vanselow 1707 geboren wurde. Das 1991 vollständig renovierte Herrenhaus, ein spätklassizistischer Bau, entstand 1869–71 nach Plänen von Georg Daniel. Die interessante Treppenkonstruktion und die innere Raumstruktur des Gebäudes vermitteln etwas vom Wohnkomfort jener Zeit. Hinter dem Herrenhaus erstreckt sich das Tollense-Tal, zu dem ein kleiner Park überleitet. Das Vanselower Herrenhaus wartet also vor allem auf naturverbundene Hotelgäste.

KARTLOW

Schon kurz vor der Einbiegung nach Vanselow, zweigt von der B110 ein Weg nach Kartlow, etwa 12 Kilometer von Neetzow entfernt, ab. Hier blieb mit dem Kartlower Herrenhaus (1853–59) ein schönes Beispiel für das romantisch-historisierende Architekturverständnis des 19. Jahrhunderts erhalten. Diesmal hatte Friedrich Hitzig, von dem wie erwähnt ja auch das Schloss in Neetzow stammt, ein Gebäude entworfen, das Assoziationen an mittelalterliche Burganlagen wecken sollte. Gotisierende Türme, teilweise reich gegliederte Giebelaufbauten und verspielte Dekorationselemente bestimmen das malerische Gesamtbild des ausgewogen proportionierten Baukörpers. Proben bauzeitlicher Innenarchitektur sind erhalten. Bereits 1985–86 gelang die Freilegung von Historien-Wandmalereien im Bereich der Eingangshalle. Der Bauherr des Kartlower Herrenhauses war Wichard Wilhelm v. Heyden († 1871), dessen Familie Kartlow bereits seit 1536 zu Lehen hatte. Als befähigtem Landwirt war ihm die Umstrukturierung seines Gutes zu einem prosperierenden, exportorientierten Großbetrieb gelungen. Hiervon zeugt die auch später noch vorangetriebene Überarbeitung des Wirtschaftshofes, dessen Gebäude ästhetischen Ansprüchen durchaus gerecht werden.

Einen großzügig angelegten Landschaftspark muss der Bauherr schon frühzeitig ins Auge gefasst haben. Für Kartlow ist ein auf 1840 datierter Plan von Peter Joseph Lenné belegt, der in wesentlichen Teilen auch zur Ausführung gelangt ist. Leider ist der Park durch spätere Nutzungen in seiner Struktur stark verändert.

Anfahrt

Neetzow liegt 27 Kilometer südlich von Greifswald, nahe der Stadt Jarmen, wo sich die Bundesstraßen 110 und 96 kreuzen, also etwa auf halber Strecke zwischen Anklam und Demmin.

Info

Tourist-Information Greifswald, Schuhhagen 22,
17489 Greifswald, Fon 0 38 34/ 52 13 80,
Fax 0 38 34/ 52 13 82.

Schlosshotel Vanselow,
Mortimer und Margarete von Maltzahn, 17111 Vanselow,
Fon 0 39 98/ 2 80 90, Fax 0 39 98/ 28 09 25.

Tipp

Die lebendige und offene Atmosphäre in Greifswald wird vor allem dadurch geprägt, dass sich die Stadt in letzter Zeit zu einer beliebten Universitätsstadt entwickelt hat. Ein wenig ist Greifswald so etwas wie ein pommersches Freiburg.

Die alte Hansestadt birgt zudem eine Fülle von Architekturdenkmälern, die sich in der überschaubaren Stadt gut zu Fuß erkunden lassen. Mittelpunkt der Altstadt ist der denkmalgeschützte Marktplatz mit dem Rathaus und den schönen Bürgerhäusern aus verschiedenen Jahrhunderten. Die nahe Marienkirche geht in ihren ältesten Teilen auf die Zeit der Stadtgründung im 13. Jahrhundert zurück. Noch imposanter zeigt sich der Dom westlich des Marktes. Der Bau vereinigt Stilmerkmale aus mehreren Jahrhunderten. Den Turm sollte man trotz des Schwindel erregend steilen Treppenaufganges besteigen, um eine herrliche Aussicht über die Stadt zu genießen. Von den erhaltenen Teilen der Stadtmauer sei auf den Fangelturm, ein ehemaliger Pulverturm, hingewiesen, gelegen nordöstlich der Altstadt am Ufer des Ryck. Außerhalb des

KARTLOW
Herrenhaus aus dem
19. Jahrhundert

VANSELOW
Spätklassizistitischer Bau

Stadtzentrums liegt im Stadtteil Eldena die berühmte gleichnamige Klosterruine Eldena nahe der Mündung des Ryck in die Dänische Wiek, einen kleinen Nebenbodden des Greifswalder Boddens. Das alte Fischerdorf Wieck auf der gegenüberliegenden Seite, also der Nordseite der Ryckmündung ist stolz auf sein Technikdenkmal: eine nostalgisch anmutende, aber noch funktionsfähige Klappbrücke aus Holz, im Jahre 1866 nach holländischen Vorbildern gebaut, die hier über den Ryck führt.

In Ludwigsburg, auf der Greifswald gegenüberliegenden Seite der Dänischen Wiek, auf dem Landweg 13 Kilometer entfernt, befindet sich ein Renaissanceschloss. Es wird grundlegend restauriert.

40 KARLSBURG

Der heute durch das gleichnamige Klinikum weithin bekannte Ort besitzt eine der bedeutendsten barocken Schlossanlagen (1732–39) Pommerns. Durch Heirat war die Besitzung an die Familie v. Bohlen gelangt und im 19. Jahrhundert an die Familie v. Bismarck, weitläufige Verwandte des nachmaligen deutschen Reichskanzlers. Ursprünglich hieß das Gutsdorf Gnatzkow. Aber nachdem der schwedische König Gustav III. hier einmal Quartier genommen hatte, erfolgte auf Betreiben des damaligen Schlossherrn die Umbenennung der Ortschaft in Karlsburg.

Anlass für den grandios geplanten Schlossbau war der Verfall des alten Gutshauses. Die Vorbereitung erfolgte vor dem großen Brand, der Gnatzkow 1732 heimgesucht hatte. Nach dem Brand sah der ursprüngliche Bauplan eine rhythmisch gestaffelte Baugruppierung von Haupthaus mit symmetrisch ansetzenden Galerie- und Pavillonbauten vor. Der Westflügel kam aus Kostengründen nicht mehr zur Ausführung. Im Haupttrakt ist die innere Raumstruktur erhalten. Bemerkenswert sind der reich stuckierte Weisse Saal und holzgetäfelte Räume, zu deren Ausstattung Bildnisse des 18. und 19. Jahrhunderts zählen.

Zeitgleich zum Schlossbau war eine barocke Gartenanlage entstanden, die aber bereits um 1800 überarbeitet und 1848 zu einem Landschaftspark mit Blick auf die freie Natur umgestaltet worden ist. Auffällig ist ein Brunnenaufsatz, der laut Überlieferung vom lange abgebrochenen Wolgaster Schloss stammen soll. Am nördlichen Ende der Schlossachse befindet sich die Dorfanlage, die sich halbkreisförmig um einen Platz mit zwei Teichen gruppiert.

Der Grundbesitz des Schlosses und der Schlosspark werden von der Ernst-Moritz-Arndt-Universität Greifswald verwaltet. Das Schloss ist heute Dienstgebäude der Universität.

Von Karlsburg aus bieten sich vier interessante Ausflüge zu weiteren architekturgeschichtlich bedeutsamen Orten an: nach Bömitz, Quilow, Buggenhagen und nach Mellenthin auf Usedom.

Schloss Karlsburg
Eine der bedeutendsten Barockanlagen Pommerns

BÖMITZ

In Bömitz, 10 Kilometer südöstlich von Karlsburg, lohnt das dortige Herrenhaus einen Besuch.

Dieses Herrenhaus gilt durch seine Baustruktur als Rarität. Verlässliche Nachrichten zur Gutsgeschichte liegen kaum vor. Erstmals urkundlich erwähnt wurde das Gut schon 1340. Nach Unterlagen von 1693 hat es den Anschein, dass der Gutshof in den kriegerischen Auseinandersetzungen des 17. Jahrhunderts zur Wüstung verkommen war. Der Wiederaufbau des Gutsbetriebes zog sich hin, und erst 1729 wird für Bömitz wieder ein Pächter vermeldet. In seinem Kern stammt das Herrenhaus noch aus dem 18. Jahrhundert, scheint aber mehrfach verändert worden zu sein. Das klassizierende säulengeschmückte Portal wertet den vergiebelten Mittelrisalit vorsichtig auf. In Symmetrie stoßen an den Haupttrakt zwei stumpfwinklig ansetzende Fachwerkflügel. Sie verleihen dem Gebäudekomplex eine Form, die in Mecklenburg-Vorpommern selten anzutreffen ist. Der Vergleich mit Gustävel und Leppin erlaubt eine vorsichtige Datierung auf 1830/40. Die Parkanlage (mit Teehaus, Glockenstuhl, u. a.) zeichnet sich durch älteren Baumbestand aus. Nach jahrelanger Verwahrlosung ist der alte Herrensitz inzwischen verständnisvoll instand gesetzt und gastronomischer Nutzung zugeführt.

BÖMITZ
Die Baustruktur macht aus dem Herrenhaus eine Rarität

WASSERSCHLOSS QUILOW

Etwa 10 Kilometer südlich von Karlsburg, in Quilow, findet sich ein Bauwerk, das als Wasserschloss gilt, wenngleich vom alten, einst kreisförmigen Grabensystem kaum noch etwas erhalten ist. Das Gebäude wurde in der zweiten Hälfte des 16. Jahrhunderts errichtet, nachdem der Bauherr Roleff v. Owstin – ebenfalls ein Vertrauter des Wolgaster Pommernherzogs Ernst Ludwig – die Besitzung 1551 übernommen hatte. Der massive Putzbau weist an seiner Vorderfront einen Treppenturm auf und im Bereich der Außenachsen zwei Zwerchhäuser. Ihre kräftig gegliederten Volutengiebel gleichen jenen der Schmalseiten, wobei anzunehmen ist, dass diese Teile erst im beginnenden 17. Jahrhundert entstanden sind. Keller- und Erdgeschoss sind durch Tonnengewölbe geschlossen.

BUGGENHAGEN

In Buggenhagen, nahe dem Peenestrom und etwa 25 Kilometer östlich von Karlsburg gelegen, wirkt das kleine Schloss von Weitem barock. Ein Besuch lohnt sich allemal, auch wenn dem Gebäude als Baudenkmal nennenswerte kunstgeschichtliche Bedeutung kaum zukommt. Die Baugeschichte ist nahezu unbekannt. Offensichtlich über älteren Fundamenten errichtet, stammt der Kernbau aus der Mitte des 18. Jahrhunderts. Er ist später – so 1842 und um 1900 – mehrfach erweitert worden. Eingebunden in das zu großen Teilen erhaltene Gutsensemble erweist sich der einstige Herrensitz als unverzichtbares Geschichtszeugnis für seine Region. Hierin liegt der Reiz des inzwischen gastronomisch erschlossenen Gebäudes.

Das benachbarte Städtchen Lassan ist einen Abstecher wert. Die gotische Kirche und mittelalterliche Befestigungsanlage sowie die bescheidenen Wohnbauten aus dem 19. Jahrhundert verleihen dem immer noch geschlossen wirkenden Ortsbild etwas Romantisches. Die Barockausstattung der Stadtkirche

(Altaraufsatz und Kanzel) stammt von Elias Keßler, einem damals viel beschäftigten Stralsunder Bildhauer.

MELLENTHIN

In den Ort Mellenthin auf der Insel Usedom gelangt man nach einer 36 Kilometer langen Fahrt von Karlsburg aus über die den Peenestrom überspannende Brücke bei Anklam. Direkt an der B 110 im Hinterland der viel besuchten Ferieninsel liegt Mellenthin am Nordrand der Mellenthiner Heide.

Über einem älteren Vorgängerbau ließ Rüdiger v. Neuenkirchen, ein Vertrauter des kunstsinnigen Herzogs Ernst Ludwig von Pommern-Wolgast († 1592) hier ein Wasserschloss 1575–80 errichten. Die Schlossinsel wird von einem vollständig erhaltenen, etwa 15 Meter breiten, teilweise ausgemauerten Graben umzogen. Das zweigeschossige, nur zurückhaltend dekorierte Hauptgebäude ist hofseitig durch den Treppenturm und zwei Vorbauten gegliedert. Erstaunlich aufwendig ist die Eingangshalle gestaltet. Hier trägt eine Säule die Deckenwölbung, und ferner fällt der 1613 gearbeitete Prunkkamin ins Auge. An das Haupthaus stoßen zwei eingeschossige Nebentrakte, so dass das kleine Ensemble das Aussehen einer Dreiflügelanlage gewinnt. Unter den Portalen des Ostflügels verdient der einstige Zugang zur Schlosskapelle Beachtung. Nordöstlich der Schlossinsel schließt sich ein kleiner Landschaftspark an.

Anfahrt

Karlsburg liegt 20 Kilometer südöstlich von Greifswald, direkt an der B 109. Von Anklam aus sind es 17 Kilometer in nördlicher Richtung.

Info

Anklam-Information, Kleiner Wall 11, 17389 Anklam, Fon 0 39 71/ 21 05 41, Fax 0 39 71/ 83 51 55.

Heimatmuseum Anklam, Schulstraße 1, 17389 Anklam. Das im Steintor untergebrachte Museum zeigt eine ständige Ausstellung zur Geschichte von Stadt und Region von den Anfängen der Besiedlung bis zur Gegenwart. Schwerpunkt sind mittelalterliche Keramik sowie Holz- und Knochengeräte.

Otto-Lilienthal-Museum Anklam, Ellbogenstraße 1, 17389 Anklam, Tel 0 39 71/ 55 00. Die Ausstellung beschäftigt sich mit dem Leben und Werk des Flugpioniers Otto Lilienthal, dem berühmten Sohn der Stadt. Neben interessanten Modellen und originalgetreuen Nachbauten gibt es einen Experimentalbereich, in dem die Besucher das Phänomen Fliegen in Selbsterfahrungsexperimenten erleben können.

Hotel Schloss Buggenhagen, Straße des Friedens 6, 17440 Buggenhagen, Fon 03 83 74/ 50 0, Fax 03 83 74/ 50 22.

Rittergut Landhotel Bömitz, zwischen Anklam, Greifswald und Wolgast bei Rubkow. Fon 03 97 24/ 2 25 40, Fax 03 97 24/ 2 25 41.

Tipp

In Anklam, vom 2. Weltkrieg schwer getroffen, sind nur von der ehemaligen Stadtbefestigung wenige Mauerreste und Türme erhalten geblieben: der zinnenbewehrte so genannte Hohe Stein von 1458 (gelegen schon außerhalb der Stadt an der B 109 in Richtung Pasewalk), der Pulverturm und das 32 Meter hohe Steintor, wo heute das Heimatmuseum untergebracht ist.

Ein Ausflugstipp für Naturfreunde: Nördlich von Anklam erstreckt sich das Naturschutzgebiet Peenetal-Moor, mit 1478 Hektar eines der größten des Landes. Das Gebiet ist Lebensraum vieler vom Aussterben bedrohter Arten, darunter auch der Biber. Seine typischen Knüppelburgen entlang der Peene beweisen, wie gut sich das scheue Tier nach einer Umsetzungsaktion aus dem Elberaum hier eingewöhnt hat.

41 UECKERMÜNDE

Nur noch Überreste einer einst prachtvollen Burg lassen sich in Ueckermünde besichtigen. Lange Jahre diente sie den pommerschen Herzögen als Quartier bei ihren Jagdaufenthalten in den Wäldern der Ueckermünder Heide.

Urkundliche Erwähnungen von 1178 und 1284 belegen die Existenz eines befestigten pommerschen Fürstensitzes auf einer Anhöhe nahe der Uecker. Das Aussehen der mittelalterlichen Burg ist unbekannt. Aber es bleibt anzunehmen, dass der klobige Feldsteinsockel des Bergfrieds dieser Anlage entstammt. Die zu Ausgang des 15. Jahrhunderts baufällige Befestigung wurde bis 1546 durch ein prachtvolles Renaissanceschloss ersetzt. Auf alten Stichen ist der Bau als dreigeschossige Vierflügelanlage abgebildet. Sie besaß einen Turm mit hohem, spitzem Helm und war im Dachbereich mit aufwendigen Zwerchhäusern besetzt. An den Bauherrn, den kunstsinnigen Pommernherzog Philipp I., erinnert ein am Treppenturm eingelassenes Sandsteinrelief.

Nach wiederholten Kriegsschäden bot sich der einstige Prachtbau ruinös dar und wurde schließlich 1720 weitgehend abgebrochen. Rudimentär blieben der Südflügel und der Bergfried erhalten. Überreste einstigen dekorativen Reichtums fallen auf, so die aufwendigen Wölbungen im Erdgeschossbereich, die immer noch interessante Gliederung der Hoffassade sowie das Portal und die Vorhangfenster am Treppenturm. Nach dem Brand von 1908 erhielt der Bergfried seinen barockisierenden Turmhelm. Heute ist im Schloss das Haffmuseum untergebracht.

KRUGSDORF

Von Ueckermünde geht es insgesamt 60 Kilometer nach Süden zu den Orten Krugsdorf und Penkun. Zunächst ist nach etwa 30 Kilometern Krugsdorf, östlich von Pasewalk, erreicht. Kenner der Reformarchitektur kommen hier auf ihre Kosten.

"Von innen nach außen zu bauen und die Schönheit des Materials voll zu nutzen", diese Idealvorstellung der Reformarchitekten sollte die Formgebung der im Landhausstil konzipierten herrschaftlichen Wohnbauten nachhaltig prägen. Ausdrucksvolle Dachsilhouetten, sorgfältig abgestimmte Materialwirkungen, glatte Wandflächen und kontrastierende Fensteröffnungen kennzeichnen das architektonische Erscheinungsbild solcher Bauwerke. Zu ihnen zählt auch das Krugsdorfer Herrenhaus (1921). Verzahnt mit dem alten, um 1880 modernisierten Gutshof und dem Areal der Dorfkirche (18. Jahrhundert) blieb ein überzeugendes kleines Gutsensemble erhalten.

KRUGSDORF
Ein überzeugendes Gutsensemble

PENKUN

Von hier aus empfiehlt sich ein Abstecher ins noch einmal 30 Kilometer südlicher gelegene Penkun nahe der Autobahn 11, Abfahrt Penkun. Hier, im südöstlichen Zipfel von Mecklenburg-Vorpommern, befindet sich ein bemerkenswertes Renaissanceschloss. Die unregelmäßige Dreiflügelanlage entstand um 1600 über den Resten einer bereits 1190 erwähnten Burg. Als Bau meister wird Taddeo Paglione genannt. Es heißt, dass der 1580 vollendete Johann-Friedrich-Bau des Stettiner Stadtschlosses als künstlerisches Vorbild gedient habe. Auftraggeber war Joachim v. d. Schulenburg. Seine Familie war mit Penkun bereits im 15. Jahrhundert belehnt worden und vermochte ihn bis 1614 zu halten. Von der einstigen Prachtentfaltung zeugen noch einige dekorative Elemente, so die beiden Türme, das hofseitige Prunkportal sowie einige gewölbte bzw. stuckierte Räume. Das lange abbruchgefährdete Bauwerk wird seit 1991 gesichert.

Anfahrt

Ueckermünde liegt ganz im Nordosten von Mecklenburg-Vorpommern (und damit auch von Deutschland) am Südufer des Oderhaffs.

Info

Touristen Information Ueckermünde, Ueckerstraße 96, 17373 Ueckermünde, Fon 03 97 71/ 2 84 84, Fax 039 771/ 2 84 42.

Haffmuseum im Schloss, Am Rathaus 3, 17373 Ueckermünde, Fon 03 97 71/ 2 84 42. Die Ausstellung gibt einen Einblick in die Entwicklung der Stadt. Eng verbunden mit dieser Stadtentwicklung sind die Schifffahrt, der Schiffbau und der Küstenfischfang. Dies bildet auch einen Schwerpunkt bei den Exponaten.

Schlosshotel und Restaurant Krugsdorf, Zerrenthiner Straße 2, 17309 Krugsdorf, Fon 03 97 43/ 50 30 22, Fax 03 97 43/ 5 02 37.

Tipp

Beliebt sind die Schiffsausflüge von Ueckermünde aus über das Stettiner Haff. Fahrten gehen nach Kamminke auf Usedom und nach Trzebiez/Ziegenort in Polen, von wo man weiter nach Szczecin/Stettin fahren kann. Schnäppchenjägern bieten die Schiffe nach Polen an Bord die Möglichkeit zum zollfreien Einkauf, schließlich wird bei der Fahrt die Außengrenze der EU passiert. Dass Stettin aber auf jeden Fall für Architekturfreunde eine Reise wert ist, versteht sich von selbst. Es sei nur auf die berühmte, eindrucksvolle Burg der Herzöge von Pommern – am hohen Ufer über der Oder – hingewiesen.

UECKERMÜNDE
Renaissancebau mit spätmittelalterlichem Treppenturm

REGISTER

GLOSSAR

Achse	gedachte Linie im kompositorischen Aufbau eines Lageplanes bzw. eines Grund- oder Aufrisses von Gebäuden bzw. Ensembles
Allee	durch parallel verlaufende Baumreihen gebildeter Baumgang
Altsiedelland	mitteleuropäische Gebiete, von denen seit dem 9. Jahrhundert Siedlungsbewegungen ausgingen
Arkade	auf Pfeilern oder Säulen bzw. Wandvorlagen ruhende Bogenreihe
Attika	brüstungsartiger Aufbau oberhalb des Hauptgesimses eines Gebäudes
Backsteinbau	Mauerverbände aus unverkleidetem Backstein
Barock	europäischer Baustil, in Deutschland ca. 1650 bis 1750
Bauernlegen	Einziehen von Bauernstellen im Zusammenhang mit der Herausbildung von Großgrundbesitz
Bergfried	innerer Haupt- und Fluchtturm einer mittelalterlichen Burg
Blende	Scheinarchitektur zur Wandgliederung massiver Baukörper, u. a. in Form von Bögen und Arkaden
Bodenreform	im Herbst 1945 in der damaligen Sowjetischen Besatzungszone rigoros durchgeführte entschädigungslose Enteignung aller landwirtschaftlichen Betriebe von mehr als 100 Hektar sowie deren Parzellierung und Vergabe an so genannte Neubauern
Bohlenbinderdach	besondere, Holz sparende Dachkonstruktion
Burg	bewohnte mittelalterliche Wehranlage, errichtet unter Ausnutzung günstiger Geländebedingungen als Höhen-, Niederungs- oder Wasserburg
Chinoiserie	freie Nachbildungen fernöstlicher Zierformen in der europäischen Kunst des 17. und 18. Jahrhunderts
Christogramm	Namenszeichen Jesu Christi, gebildet aus den Anfangsbuchstaben des griechischen Namens bzw. allgemeines Zeichen für Christentum
Cottagen	kleine, malerisch aufgebaute Landhäuser
Dekor	Gesamtschmuck einer Fläche

Denkmal	Gebäude oder plastisches Werk zur Erinnerung an eine Persönlichkeit oder ein historisches Ereignis bzw. Gebäude oder Bauensemble, die aufgrund historischer, kultur- oder kunstgeschichtlicher Erwägungen erhaltenswert und denkmalpflegerisch zu betreuen sind
Domäne	in Staatsbesitz befindliches Landgut
Donjon	wehrhafter Wohnturm einer mittelalterlichen Burg
Empire	baukünstlerische Strömung des Klassizismus, gekennzeichnet durch antike römische und ägyptische Stilelemente
Enfilade	streng axial ausgerichtete Raumfolge
Fachwerkbau	Gebäude mit einer Konstruktion aus einem Holzbalkengerüst, dessen Gefache durch Bohlen, Lehmflechtwerk, Ziegel oder Feldsteine geschlossen sind
Festonallee	seltene gärtnerische Ausformung einer Allee durch einen Kronenzuschnitt in Form bogenförmiger Hängegirlanden
Festung	Flucht-, Wehr- und Verteidigungsanlage, seit Erfindung der Feuerwaffen eine selbstständige Bauaufgabe
Florisstil	auf den Niederländer Cornelis Floris zurückge hendes System dekorativer Ornamentik
Friderizianisches Rokoko	Sonderform der Rokokoausstattung, wie sie sich unter Friedrich dem Großen herausgebildet hat
Ganerbenburg	durch mehrere Miterben gemeinschaftlich genutzte Besitzung
Gotik	europäischer Baustil, in Deutschland 13. bis 16. Jahrhundert
Hauptgesims	waagerecht aus der Mauerflucht vorkragendes Bauglied unterhalb des Dachansatzes
Heimatstil	Bezeichnung nach einer 1900 einsetzenden Architektursprache, die sich aus dem Bauhandwerk und traditionellen Formen heimatlicher Baukunst nährt
Herrenhaus	dörflicher Wohnsitz eines Gutsbesitzers in Verbindung mit der Wirtschaftsanlage des Gutshofes
Historismus	in der Baukunst des 19. Jahrhunderts praktizierter Rückgriff auf historische Gestaltungselemente von der Romanik bis zum Klassizismus
Hufe	im Frühmittelalter übliche Bezeichnung für den Grundbesitz der Einzelfamilie, gemessen an der Gemeindeflur

Jugendstil	dekorative Kunstrichtung, in Deutschland ca. 1890 bis 1900
Klassizismus	europäischer Baustil, in Deutschland 1770 bis 1830
Kübbungshaus	niedersächsisches Bauernhaus mit Längsdiele und beiderseitigen Kübbungen (Abseiten) zur Aufnahme der Ställe
Lünette	halbkreisförmiges Bogenfeld oberhalb von Türen und Fenstern
Mezzanin	niedriges Zwischen- oder Halbgeschoss
Neues Bauen	Bezeichnung einer Architektursprache der 1920er-Jahre, die auf rationelle, kubische Baukörper ausgerichtet ist
Nische	Mauervertiefung zur Wandgliederung
Ostelbien	einstiges Kolonisationsgebiet bzw. historische Kulturlandschaft östlich der Elbe
Palas	Wohnbau einer mittelalterlichen Wehranlage
Parterre	ebenerdig liegendes Geschoss bzw. in der französischen Gartenanlage die dem Schloss vorgelagerte Gartenfläche
Pavillon	kleine frei stehende Gartenbauten bzw. plastisch stark aus der Fassade heraustretende Gebäudeteile
Polygon	vieleckiger Gebäudekörper
Portikus	von Säulen und Pfeilern gestützter Vorbau am Haupteingang eines Gebäudes
Renaissance	europäischer Baustil, in Deutschland 16. bis 17. Jahrhundert
Revolutionsarchitektur	baukünstlerische Strömung des 18. und 19. Jahrhunderts, beruhend auf geometrischen Grundformen und gekennzeichnet durch weitgehenden Verzicht auf antikisierende Elemente
Risalit	vorspringender Teil eines symmetrisch angelegten Gebäudes
Ritterschaft	Korporation der Grund besitzenden adligen und bürgerlichen Familien
Rokoko	höfischer Dekorationsstil der Ausgangsphase des Barock, ca. 1720 bis 1770
Romanik	europäischer Baustil, in Deutschland 10. bis 12. Jahrhundert
Rustika	Mauerwerk aus grob zugehauenen Werksteinquadern
Schloss	repräsentativer Wohnsitz eines Fürsten oder einer vergleichbaren Standesperson, der nicht zugleich Wehrzwecken dient
Stuckatur	Stuckdekoration eines Innenraumes
Terrakotta	gebrannte, unglasierte Tonware

Tudorgotik	in der Baukunst des 19. Jahrhunderts praktizierter Rückgriff auf Gestaltungselemente des spätgotischen englischen Tudorstils
Volute	spiralförmig aufgerolltes Bauglied zur Vermittlung zwischen horizontalen und vertikalen Baulinien
Vorwerk	vom Hauptgut abgetrennte Wirtschaftseinheit
Werkstein	steinmetzmäßig bearbeiteter Naturstein
Wüstung	aufgelassene, zerstörte Siedlung mit zumeist brachliegenden landwirtschaftlichen Flächen
Zopfstil	Übergangsstil vom Rokoko zum Klassizismus

Glossar zusammengestellt nach
Der Neue Brockhaus, Bd. 1–4, Leipzig 1936. Lexikon der Kunst Bd. 1–5, Leipzig 1968. Kadatz, Hans-Joachim, Wörterbuch der Architektur, Leipzig 1980.

AUTOREN

Dieter Pocher, Dr. med. et phil., geboren 1952, lebt und arbeitet in Güstrow: Facharzt für Allgemeinmedizin in eigener Praxis; Kunsthistoriker, profunder Kenner der norddeutschen Kunst- und Kulturgeschichte.

Holger Klaue, geboren 1956, Hochbauingenieur (u. a. Bauleiter an Denkmalobjekten in Potsdam), seit 1978 parallel zum Beruf freiberuflich journalistisch und fotografisch tätig. Er verfasste die kursiv gesetzten Texte zu den wichtigsten Kirchen.

Reiner Elwers wurde 1954 in Hamburg geboren. Er studierte Publizistik in Berlin. Nach langjähriger Tätigkeit als Verlagslektor, arbeitet er heute als freier Reisejournalist und Buchautor. Er verfasste die Texte für die Reisetipps.

FOTONACHWEIS

Heymann, Karin 15, 160, 162, 163, 168, 170, 174, 177 unten, 179, 216/217, 229, 248, 258, 263, 273, 282

Klaue, Holger 56, 63, 64, 71, 81, 82, 87, 95, 101, 110, 112, 120, 128, 145, 147, 190, 196, 202, 206, 210, 215, 225, 226, 253, 256, 258

Kolberg, Melitta 8/9, 68/69, 75, 76, 79, 80, 94, 117, 123, 133, 149, 220, 231, 235, 241, 245, 246, 247, 286

Lehmann, J. Titelbild und 92/93

Public Relations v. Hoyningen-Huene, I. Kreuschner 97, 100

Staatliches Museum Schwerin, Gabriele Bröcker 16, 139

Taubhorn, Thorsten 59

Tourismusverband Mecklenburg-Vorpommern, Rostock 114, 127, 130, 152, 186, 192, 213,

Tourismusverband Mecklenburg-Vorpommern, Rügen 237

Eigentum der jeweiligen Schlösser bzw. Verwaltungen 61, 72, 106, 132, 155, 156, 158, 169, 177, 183, 184, 192, 209, 232, 266

Wulffert, Peter 265

L&H Verlag, Hamburg alle weiteren Abbildungen

LITERATUR

Adamiak, Josef. Schlösser und Gärten in Mecklenburg. Leipzig 1975

Baier, Gerd, H. Ende, B. Oltmanns, W. Rechlin. Die Bau- und Kunstdenkmale in der DDR. Bezirk Neubrandenburg. Berlin 1982

Baier, Gerd, H. Ende, B. Oltmanns. Die Bau- und Kunstdenkmale in der DDR. Mecklenburgische Küstenregion. Berlin 1990

Baier, Gerd, H. Ende, B. Dräger, D. Handorf, B. Oltmanns. Die Bau- und Kunstdenkmale in Mecklenburg-Vorpommern. Vorpommersche Küstenregion. Berlin 1995

Bartel, Berna, A.-M. Fischer, S. Wenzl. Schloss Schwerin. Schwerin o. J.

Barth, Matthias. Mecklenburgische Residenzen. Landesfürstliche Repräsentationsbauten aus sieben Jahrhunderten. Leipzig 1995

Bock, Sabine, Th. Helms, N. Buske. Schlösser und Herrenhäuser auf Rügen. Bremen o. J. (1993)

Bock, Sabine. Gutsanlagen und Herrenhäuser. Betrachtungen zu den historischen Kulturlandschaften Mecklenburg und Vorpommern. Schwerin 1996

Dehio, Georg. Handbuch der deutschen Kunstdenkmäler. Die Bezirke Neubrandenburg, Rostock, Schwerin. Berlin 1968

Erbentraut, Regina. Schloss Güstrow. Schwerin 1999

Höhnke, Jürgen. Paul Korff - Architekt. Berlin 1995

Holz, Birgid. Parks und Gärten der Schlösser Güstrow, Schwerin und Ludwigslust. Schwerin o.J.

Interessengemeinschaft Bau- und Kunstdenkmale (Hg.) Paul Korffs Wirken für Rostock. Eine Würdigung anläßlich seines 50. Todestages. Rostock 1995

Jacobs, Edgar. Mecklenburgische Herrenhöfe. Sternberg 1937

Kadatz, Hans-Joachim. Wörterbuch der Architektur. Leipzig 1980

Kramer, Heike. Schloss Ludwigslust. Berlin 1993

Krauß, Neidhardt, E. Fischer. Unterwegs zu Burgen, Schlössern und Parkanlagen in Mecklenburg. Rostock 1991

Krauß, Neidhardt, E. Fischer. Unterwegs zu Burgen, Schlössern

und Parkanlagen in Vorpommern. Rostock 1991
Lichtnau, Bernfried (Hg.). Architektur in Mecklenburg und Vorpommern 1800-1950. Publikation der kunsthistorischen Tagung Greifswald 1995. Greifswald 1996
Mast, Peter. Mecklenburg-Vorpommern - 1000 Jahre Geschichte eines jungen Landes. München-Berlin 1994
Meinecke, Andreas. Charles Philippe Dieussart (um 1625-96), Architekt, Skulpteur und Theoretiker in Deutschland, Dissertation, 2 Bände . Greifswald 1992
Metzger, Hubert, B. Schattinger. Gärten und Parks in Mecklenburg-Vorpommern. Würzburg 1993
Neumann, Carsten. Schloss Bothmer. Reihe: Der historische Ort, Heft 30. Berlin 1997
Neuschäffer, Hubertus. Mecklenburgs Schlösser und Herrenhäuser. Husum 1990
Neuschäffer, Hubertus. Vorpommerns Schlösser und Herrenhäuser .Husum 1993
Nolden, Dieter. Geschichte und Geheimnisse der Burg Maltzan oder Die unendliche Geschichte einer Ritterburg . Schwerin 1991
Pocher, Dieter. Herrenhäuser und Gutsanlagen des Klassizismus im ehemaligen Großherzogtum Mecklenburg-Schwerin im Zeitraum von 1800 bis 1850. Eine Studie zur Architektur des 19. Jahrhunderts. Dissertation, 2 Bände. Greifswald 1990
Schneider, Rolf. Kleine Geschichte des Landes Mecklenburg-Vorpommern. Berlin 1993
Schwarz, Uwe. Die niederadligen Befestigungen des 13. bis 16. Jahrhunderts im Bezirk Neubrandenburg. Berlin 1987
Sobotka, Bruno (Hg.). Burgen, Schlösser, Gutshäuser in Mecklenburg-Vorpommern. Stuttgart 1993
Vitense, Otto. Geschichte von Mecklenburg. Gotha 1920
Zobel, Hans-Jürgen (Hg.). Peter Joseph Lenné und die europäische Landschafts- und Gartenkunst im 19. Jahrhundert
6. Greifswalder Romantikkonferenz. Greifswald 1992

Mecklenburg
Windflüchtiger Weststrand

REISETIPPS

Anreise

Auskunft

Baden und Wellness

Ferienwohnungen in Schlössern

Heiraten im Schloss

Jugendliche

Lehm- und Backsteinstraße

Museen

Nationalparks

Radwege

Reiten

Schlosshotels

Schlösser-Rundreisen

Tagungen in Schlosshotels

Veranstaltungen/Festivals

Wasserstraßen/Wasserwandern

ANREISE

Mit dem Auto

Die A 24 Berlin-Hamburg führt durch das südwestliche Mecklenburg, am Autobahndreieck Schwerin zweigt die A 241 nach Schwerin.

Aus Richtung Lübeck erreicht man Wismar, Rostock und Stralsund über die B 105, die allerdings besonders im Sommer stark frequentiert ist.

Die A 24/A 19 verbindet Berlin mit der Mecklenburgischen Seenplatte sowie Güstrow und Rostock. Von Berlin in Richtung Rügen und Usedom: auf der A 11 bis Prenzlau und von dort weiter auf der B 109 über Pasewalk nach Anklam.

Mit der Bahn

Von Köln bzw. Hamburg verkehren IC-Züge über Schwerin, Rostock nach Stralsund bzw. Sassnitz (Rügen) und in der Sommersaison bis Binz (Rügen). Zwischen Nürnberg und Greifswald besteht eine weitere IC-Verbindung.

Von Berlin aus gibt es eine Direktverbindung nach Sassnitz auf Rügen über Neustrelitz, Neubrandenburg, Demmin, Grimmen, Stralsund und Bergen sowie eine Verbindung im 2-Stunden-Takt nach Stralsund über Pasewalk und Greifswald.

Von Berlin aus verkehren ebenfalls Züge nach Rostock über Neustrelitz, Waren und Güstrow sowie nach Schwerin. Auch von Leipzig (über Halle und Magdeburg) erreicht man Schwerin und Rostock mit der Bahn.

Mit dem Flugzeug

Die nächsten Flughäfen für den internationalen Verkehr befinden sich in Berlin und Hamburg. Nach Mecklenburg-Vorpommern bestehen Flugverbindungen mit Rostock-Laage (Fon 03 84 54/ 3 13 39) und Schwerin-Parchim (Fon 038 71/ 60 70).

Weitere Regionalflughäfen für Privatmaschinen und Charterflüge sind in Neubrandenburg (Fon 03 95/ 422 30 25) und Heringsdorf (Fon 03 83 76/ 2 00 30).

Mit dem Schiff

Aus Dänemark, Schweden und Litauen bestehen Fährverbindungen zu den Häfen von Rostock und Sassnitz. Die Insel Hiddensee ist mit dem Schiff von Stralsund und

Schaprode auf Rügen zu erreichen; privater Autoverkehr ist auf der Insel nicht erlaubt. In den Sommermonaten besteht regelmäßiger Schiffsverkehr zu den kleinen, Usedom vorgelagerten Inseln Ruden und Greifswalder Oie.

AUSKUNFT

Tourismusverband Mecklenburg Vorpommern e.V., Platz der Freundschaft 1, 18059 Rostock, Fon 03 81/ 40 30 5 00, Fax 03 81/40 30 555, e-Mail info@Auf-nach-MV.de, www.Auf-nach-MV.de

TOURBU-Touristischer Buchungsservice Mecklenburg-Vorpommern, Platz der Freundschaft 1, 18059 Rostock, Servicenummer 01 80/50 00 223, Fax 03 81/40 30 755, E-Mail TourBu@tmv.de, www.Auf-nach-MV.de

Verband Mecklenburgischer Ostseebäder e.V., Kühlungsborner Straße 4, 18209 Bad Doberan-Heiligendamm, Fon 03 82 03/ 6 21 20, Fax 03 80 03/ 6 21 93, E-Mail V.M.O@t-online.de, www. mecklenburgische-ostseebaeder.m-vp.de

Tourismusverband Fischland-Darss-Zingst e.V., Barther Straße 31, 18314 Löbnitz, Fon 03 83 24/ 64 00, Fax 03 83 24/ 6 40 34, E-Mail tv.fdz@t-online.de, www.fischland-darss-zingst.de

Tourismusverband Rügen e. V., Am Markt 4, 18528 Bergen, Fon 0 38 38/ 8 07 70, E-Mail Tourismusverband@ruegen.de, www.insel-ruegen.de oder www.ruegen.de

Usedom Tourismus GmbH, Bäderstraße 5, 17459 Ückeritz, Fon 03 83 75/ 2 34 10, Fax 03 83 75/ 2 34 29, E-Mail info.tv.insel.usedom@t-online.de, www.usedom.de

Regionaler Fremdenverkehrsverband Vorpommern e. V., Fischstraße 11, 17489 Greifswald, Fon 0 38 34/ 89 10, Fax 0 38 34/ 89 15 55, E-Mail rfvv@vorpommern.de, www.vorpommern.de

Tourismusverband Mecklenburgische Schweiz e. V., Am Bahnhof, Postfach 1123, 17131 Malchin, Fon 0 39 94/ 22 47 55 oder 22 47 57, Fax 0 39 94/ 22 47 56, E-Mail Info@mecklenburgische-schweiz.de, www.mecklenburgische-schweiz.com

Tourismusverband Mecklenburg-Schwerin e. V.,

Alexandrinenplatz 5-7, 19288 Ludwigslust, Fon 03874/66 69 22 oder 66 66 77, Fax 03874/66 69 20, E-Mail info@mecklenburg-schwerin.de, www.mecklenburg-schwerin.de
Tourismusverband Mecklenburgische Seenplatte e. V., Turnplatz 2, 17207 Röbel/Müritz, Fon 03 99 31/ 5 13 81,
E-Mail info@mecklenburgische-seenplatte.de,
www.mecklenburgische-seenplatte.de

Stadtinformationen
Fremdenverkehrsverein Greifswald, Schuhhagen 22,
17489 Greifswald, Fon 0 38 34/ 52 13 80,
Fax 0 38 34/ 52 13 82
Güstrow-Information, Domstraße 9, 18273 Güstrow,
Fon 0 38 43/ 68 10 23, Fax 0 38 43/ 68 20 79
Neubrandenburg Information, Marktplatz 1, 17033
Neubrandenburg, Fon 03 95/ 1 94 33, Fax 03 95/ 5 82 22 67
Tourist-Information Rostock, Neuer Markt 3, 18055 Rostock,
Fon 03 81/ 1 94 33, Fax 03 81/ 3 81 26 01
Schwerin-Stadtinformation, Am Markt 10, 19055 Schwerin,
Fon 03 85/ 59 25 20, Fax 03 85/ 5 92 52 17
Stralsund-Information, Alter Markt 9, 18439 Stralsund,
Fon 03 8 31/ 2 46 90, Fax 0 38 31/ 24 69 49
Hansestadt Wismar, Tourist-Information, Am Markt 11,
23966 Wismar, Fon 0 38 41/ 1 94 33, Fax 0 38 41/ 25 13 091

BADEN UND WELLNESS

Für Badefreunde stellt Mecklenburg ein wahres Paradies dar. Für Meerwasser-Liebhaber bietet es 1200 km Sandstrände an der Ostsee. Wer eher ruhigere Gewässer bevorzugt, kann zwischen den zahlreichen Seen des Landes wählen.
Erlebnisbäder/Thermen:
Ostseetherme Usedom,
Lindenstraße 60, 17419 Seebad Ahlbeck
Relax-Therme Fleesensee,
An der Therme 1, 17213 Göhren-Lebbin
Freizeitbad Greifswald,
Pappelallee 3–5, 17489 Greifswald

Badeparadies Oase, Plauer Chaussee 7,
18273 Güstrow
Müritz-Therme, Am Gotthunskamp 14,
17207 Röbel/Müritz
Jasmund-Therme, Steigenberger Maxx-Resort Neddesitz,
18551 Neddesitz
Freizeitbad Nemo im Seepark Sellin,
Badstraße 1, 18586 Ostseebad Sellin
Hansedom Stralsund, Grünhufer Bogen 18–20,
18437 Stralsund
Erlebnis- und Freizeitbad "Wonnemar",
Bürgermeister-Haupt-Str. 38, 23966 Wismar
Südseeparadies Samoa, Parkstraße 53, 18119 Warnemünde

FERIENWOHNUNGEN IN SCHLÖSSERN

Mecklenburg – zwischen Ostsee und Elbe

Herrenhaus Blengow, 18230 Rerik/Blengow,
Fon 03 82 03/ 1 20 55, Fax 03 82 03/ 1 20 33
Gut Dalwitz, 17179 Dalwitz, Fon 03 99 72/ 5 14 40,
Fax 03 99 72/ 5 12 63, www.gutdalwitz.de
Schloss und Park Kaarz, 19412 Kaarz,
Fon 03 84 83/ 30 80, Fax 03 84 83/ 3 08 40
Ferienresidenz Steinhagen, 23999 Wangern/Insel Poel,
Fon 03 84 25/ 44 40, Fax 03 84 25/ 44 41 11

Mecklenburgische Schweiz und Recknitzniederung

Jagd-Schloss Bellin, 18292 Bellin, Fon 03 84 58/ 32 20,
Fax 03 84 58/ 3 22 20 oder 0 40/ 4 10 70 79
Schloss Lelkendorf, 17168 Lelkendorf,
Fon 03 99 56/ 2 00 14, Fax 03 99 56/ 3 04 82 21,
Schloss Lühburg, 17179 Lühburg, Fon 03 99 72/ 59 11 10
oder 5 01 66, Fax 03 99 72/ 59 11 28,
www.all-inall.com/1460.htm
Hotel Schloss Ulrichshusen, 17194 Ulrichshusen,
Fon 03 99 53/ 79 00, Fax 03 99 53/ 7 90 99,
www.gut-ulrichshusen.de,
Rittergut Nustrow, 18195 Nustrow, Fon 03 82 05/ 78 60,
Fax 03 82 05/ 80 80 01, www.rittergut-nustrow.de

Carl Theodor Severin, dessen architekturgeschichtlicher Rang die klassizistischen Bauten in Bad Doberan und Heiligendamm begründete, hat auch die Pläne für dieses 1830 errichtete Herrenhaus geliefert. Das eher an einen städtischen Wohnbau erinnernde Gebäude ist seit 1998 verständnisvoll restauriert worden. Ferienwohnungen und Hotelzimmer.

Schloss Poggelow, Familie Psota, Fon 03 99 77/ 3 98 48, Fax 03 99 77/ 3 04 02

Schloss Prebberede, 17168 Prebberede, Fon 03 99 76/5 09 85, Fax 03 99 76/ 5 58 74, schloss-prebberede@gmx.de

Jagdschloss Quitzin, 18513 Quitzin, Fon 03 83 25/ 6 93 03, Fax 03 83 25/ 6 93 04

Herrenhaus Samow, 17179 Samow, Fon 03 99 71/ 1 35 05, Fax 03 99 71/ 1 45 20, www.Herrenhaus-Samow.de

Rügen

Gut Reischvitz, 18528 Reischvitz, Fon/Fax 0 38 38/ 25 16 18

Vorpommern – zwischen Peene und Randow

Familienschloss Schmuggerow, 17398 Schmuggerow, Fon 03 97 26/ 21 3 50, Fax 03 97 26/ 2 13 51

Gutshaus Groß Luckow, 17337 Groß Luckow, Fon 03 97 52/ 2 02 90, Fax 03 97 52/ 2 02 91

Schloss Krönnevitz, 18445 Krönnevitz, Fon/Fax 03 83 23/ 2 31, Vermietung: Hanna Eujen, Fon 0 49 21/ 2 02 27, Fax 0 49 21/ 95 34 92, www.schloss-kroennevitz.de (hier mieten Sie fast ein ganzes Schloss allein für sich).

HEIRATEN IM SCHLOSS

In folgenden Schlosshotels können sich Brautpaare vor Ort standesamtlich trauen lassen. Die Adressen finden Sie unter „Schlosshotels".

Schlosspark-Hotel Hohendorf, Park Hotel Schloss Rattey, Hotel Schloss Vanselow, Gutshotel Groß Breesen, Hotel Schloss Schorssow, Golf- und Sporthotel Schloss Teschow, Landhotel Schloss Daschow, Hotel Schloss Passow, Schloss-Hotel Basthorst, Grand Hotel Mercure Schloss Neustadt-Glewe, Gutshaus Neu-Wendorf, Hotel Friedrich-Franz Palais Bad Doberan.

JUGENDLICHE

Die Broschüre „Mc Pom.com" enthält umfassende Informationen für junge Mecklenburg-Reisende. Hinweise zu Jugendherbergen, Reiseveranstaltern, Diskotheken, Internetcafés, Wassersport etc. Anzufordern unter:

Arbeitsgemeinschaft „Junges Land für junge Leute" in Rostock, Fon 03 81/ 4 03 49 42.
www.McPom.com, E-Mail: post@McPom.com

Jugendherbergen gibt es in allen Landesteilen. Ein gültiger Ausweis des Deutschen Jugendherbergswerkes ist jedoch notwendig.

Infos: Deutsches Jugendherbergswerk Mecklenburg-Vorpommern e. V., Erich-Schlesinger-Straße 41, 18059 Rostock, Fon 03 81/ 77 66 70, Fax 03 81/ 7 69 86 82

LEHM- UND BACKSTEINSTRASSE

Hier wird dem Mecklenburg-Reisenden Gelegenheit geboten, herkömmliches Bauen kennen zu lernen: Dort gibt es ein Lehmmuseum, eine alte Ziegelei, einen Lehr- und Erlebnisgarten, eine Weberei, eine alte Brennerei, eine Schauimkerei. Das Projekt der FAL (Verein zur Förderung angemessener Lebensverhältnisse) wurde sogar mit einem Preis für sozialverantwortlichen Tourismus ausgezeichnet.

Infos: Arbeitsgemeinschaft Lehm + Backsteinstraße, Am Bahnhof 1, 19395 Ganzlin, Fon 03 87 37/ 2 01 54, Fax 03 87 37/ 2 01 17

Beachten Sie bitte in diesem Zusammenhang die Anzeige der Firma Falkenløwe.

MUSEEN

Heinrich Schliemann-Museum, 17219 Ankershagen
Otto-Lilienthal-Museum, Ellbogenstraße 1, 17389 Anklam
Hans-Fallada-Haus, 17258 Carwitz
Ernst-Moritz-Arndt-Gedenkstätte, An den Anlagen, 17489 Greifswald

Pommersches Landesmuseum, Theodor-Pyl-Straße 1, 17489 Greifswald
Archäologisches Freilichtmuseum, 19406 Groß Raden
Ernst-Barlach-Gedenkstätte, Atelierhaus am Heidberg, 18273 Güstrow
Schloss Güstrow, Franz Parr-Platz 1, 18273 Güstrow
Freilichtmuseum Klockenhagen, 18311 Klockenhagen
Otto-Niemeyer-Holstein Gedenkatelier, Lüttenort, 17459 Koserow
Jagdschloss Granitz, 18586 Lancken-Granitz/Binz
Schloss Ludwigslust, Schlossfreiheit, 19288 Ludwigslust
Historisch-Technisches Informationszentrum, Bahnhofstraße 28, 17449 Peenemünde
Darß-Museum, Waldstraße 48, 18375 Prerow
Bernsteinmuseum, Im Kloster 1-2, 18311 Ribnitz-Damgarten
Schifffahrtsmuseum, August-Bebel-Straße 1, 18055 Rostock
Kloster zum Heiligen Kreuz, Klosterhof, 18055 Rostock
Staatliches Museum Schwerin, Alter Garten 3, 19055 Schwerin
Schlossmuseum Schwerin, Lennéstraße 1, 19053 Schwerin
Fritz-Reuter-Literaturmuseum, Markt 1, 17153 Stavenhagen
Deutsches Museum für Meereskunde und Fischerei, Katharinenberg 14-17, 18439 Stralsund
Kulturhistorisches Museum Stralsund, Mönchstraße 25-27, 18439 Stralsund
Orangerie Putbus, 18581 Putbus
Thünenmuseum, 17168 Tellow
Mühlenmuseum, 17348 Woldegk

NATIONALPARKS

Müritz Nationalparkamt, Schloßplatz 3, 17237 Hohenzieritz
Nationalparkamt Vorpommersche Boddenlandschaft, Im Forst 5, 18375 Born
Nationalparkamt Rügen, Blieschow 7a, 18586 Lancken-Granitz

Biosphärenreservat Schaalsee, Wittenburger Chaussee 13, 19246 Zarrentin

Naturparkverwaltung Nossentiner/Schwinzer Heide, Ziegenhorn 1, 19395 Karow

Naturparkverwaltung Mecklenburgische Schweiz und Kummerower See, Schloßstraße 6, 17139 Remplin

Naturparkverwaltung Feldberger Seenlandschaft, 17237 Serrahn

Naturparkverwaltung Mecklenburgisches Elbetal, Am Elbberg 20, 19258 Boizenburg

Naturparkverwaltung Insel Usedom, Gothenweg 1, 17419 Korswandt

RADWEGE

Eine attraktive Möglichkeit, das Land kennen zu lernen bieten die verschiedenen Radwege. Organisierte Touren bieten z. B. Mecklenburger Radtour (Zunftstraße 4, 18437 Stralsund, Fon 0 38 31/ 28 02 20, Fax 0 38 31/ 28 02 19) oder Schwerin Plus (Fon 03 85/ 5 58 02 11).

Ausgearbeitete Tourenvorschläge durch die einzelnen Landesteile bieten die Tourismusverbände in übersichtlich gestalteten Broschüren. Über die Landesgrenzen hinaus führt z. B. der Radweg Berlin-Kopenhagen.

REITEN

Pferdezucht hat in Mecklenburg Tradition. Reitsportler haben hier eine Vielzahl von Möglichkeiten. Viele Gestüte bieten Reittouristik an. Auch Kremser- und Kutschfahrten werden immer häufiger angeboten. Informationen und Adressenlisten mit Reiterhöfen sind über die Fremdenverkehrsverbände (s. o.) erhältlich.

SCHLOSSHOTELS

Mecklenburg – zwischen Ostsee und Elbe

Herrenhaus Blengow, 18230 Blengow/Rerik,
Fon 03 82 03/ 1 20 55, Fax 03 82 03/ 1 20 33

Schloss Basthorst, 19089 Basthorst,
Fon 0 38 63/ 52 50, Fax 0 38 63/ 52 55 55
www.schloss-basthorst.de

Schloss Frauenmark, 19374 Frauenmark,
Fon 03 87 23/ 8 01 71, Fax 03 87 23/ 8 01 72
www.schloss-frauenmark.de

Gut Hohen Luckow, 18239 Hohen Luckow, Fon
03 82 95/ 76 50, Fax 03 82 95/ 7 65 99
www.guthohenluckow.de

Hotel Schloss Lütgenhof, 23942 Dassow,
Fon 03 88 26/ 82 50, Fax 03 88 26/ 8 25 22

Schloss Mentin, 19376 Mentin,
Fon 03 87 29/ 2 02 32, Fax 03 87 29/ 2 02 36

Grand Hotel Mercure Schloss Neustadt-Glewe,
19306 Neustadt-Glewe, Fon 03 87 57/ 53 20,
Fax 03 87 57/ 5 32 99, www.traumschloesser-mv.de

Romantikhotel Friedrich-Franz-Palais,
18209 Bad Doberan-Heiligendamm,
Fon 03 82 03/ 6 30 36, Fax 03 82 03/ 6 21 26,
www.romantikhotels.com

Jagdschlösschen Schwartow, 19258 Boizenburg,
Fon 03 88 47/ 29 99 50, Fax 03 88 47/ 29 99 56.

Hotel Gutshaus Stellshagen, 23948 Stellshagen,
Fon 03 88 25/ 44 0, Fax 03 88 25/ 4 43 33

Mecklenburgische Schweiz und Recknitzniederung

Jagdschloss Bellin, 18292 Bellin,
Fon 03 84 58/ 32 20, Fax 03 84 58/ 3 22 20

Gutshotel Groß Breesen, 18276 Groß Breesen,
Fon 03 84 58/ 5 00, Fax 03 84 58/ 5 02 34,
www.Gutshotel.de

Schloss Groß Plasten, 17192 Groß Plasten,
Fon 03 99 34/ 80 20, Fax 03 99 34/ 80 299,
www.schloß-groß-plasten/m-vp.de

Schlosshotel Kittendorf, 17153 Kittendorf,
Fon 03 99 55/ 2 08 45, Fax 03 99 55/ 5 01 40

Domäne Neu Gaarz , 17194 Neu Gaarz,
Fon/Fax 03 99 29/7 02 55, www.domaene-neu-gaarz.de
Hotel Pension Gutshaus Neu Wendorf, 18190 Sanitz,
Fon 03 82 09/ 3 40 oder 8 02 70, Fax 03 82 09/ 8 02 71,
www.gutshaus-neu-wendorf.de
Schlosshotel Nordland, 18196 Groß Potrems,
Fon 03 82 08/ 85 0, Fax 03 82 08/ 85 55
Schlosshotel Burg Schlitz, 17166 Hohen Demzin,
Fon 0 39 96/ 1 27 00, Fax 0 39 96/ 12 70 70
www.Burg-Schlitz.de
Park-Hotel Schloss Schlemmin, 18320 Schlemmin,
Fon 03 82 25/ 5 18 43, ab 01.03.02 Fon 51 60, Fax 5 16 10
Erlebnishotel Schloss Schorssow, 17166 Schorssow,
Fon 03 99 33/7 90, Fax 03 99 33/ 7 91 00,
www.Schloss-schorssow.de
Golf- und Wellnesshotel Schloss Teschow, 17166 Teschow,
Fon 0 39 96/ 1 40 0, Fax 0 39 96/ 14 01 00,
www.schloss-teschow.de
Hotel Schloss Ulrichshusen, 17194 Ulrichshusen,
Fon 03 99 53/ 79 00, Fax 03 99 53/ 7 90 99,
www.gut-ulrichshusen.de

Mecklenburgische Seenplatte

Landhotel Schloss Daschow, 19386 Daschow,
Fon 03 87 32/ 50 00, Fax 03 87 32/ 5 00 91
www.schlossdaschowde
Radisson SAS Resort Schloss Fleesensee,
17213 Göhren-Lebbin, Fon 03 99 32/ 8 01 00,
Fax 03 99 32/ 80 10 80 10, www.radissonsas.com
Gutshaus Klein Dammerow, 19395 Klein Dammerow,
Fon/Fax 03 87 33/ 2 04 80
Hotel Schloss Klink und Orangerie, 17192 Klink,
Fon 0 39 91/ 74 70, Fax 0 39 91/ 74 72 99
Schlosshotel Leizen, 17209 Leizen,
Fon 03 99 22/ 80 70, Fax 03 99 22/ 8 07 77
www.Schlosshotel-Leizen.de
Schlosshotel Gutshaus Ludorf, 17207 Ludorf/Müritz,
Fon 03 99 31/ 84 00, Fax 03 99 31/ 84 62 0,
www. gutshaus-ludorf.de

Schloss Mentin, 19376 Mentin, Fon 03 87 29/ 2 92 32, Fax 03 87 29/ 2 02 36

Gutsherrenhaus Neddesitz, 18551 Sagard, Fon 03 83 02/ 95, Fax 03 83 02/ 9 66 20

Hotel Schloss Passow, 19386 Passow, Fon 03 87 31/ 36 50, Fax 03 87 31/ 3 65 19, www.traumschloesser-mv.de

Jagdschloß Prillwitz, 17237 Prillwitz, Fon 03 98 24/ 2 03 45, Fax 03 98 24/ 2 03 46

Hotel Gutshof Sparow, 17214 Sparow, Fon 03 99 27/ 76 20, Fax 03 99 27/ 7 62 99, www.hotel-gutshof-sparow.m-vp.de

Gutshaus Solzow, 17207 Solzow, Fon 03 99 23/ 25 17, Fax 03 99 23/ 2 99 78, www.mueritz.de

Schloss Wendorf, 17219 Möllenhagen-Wendorf, Fon 03 99 21/ 32 60, Fax 03 99 21/ 32 64,

Gutshof Woldzegarten, 17209 Woldzegarten, Fon 03 99 22/ 82 20, Fax 03 99 22/ 8 22 55

Gutshaus Zülow, 19406 Zülow, Fon 02 01/ 25 66 85, Fax 02 01/ 25 66 43

Rügen

Landhotel Herrenhaus Bohlendorf, 18556 Bohlendorf/Wieck, Fon 03 83 91/ 7 70, Fax 03 83 91/ 7 02 80

Schlosshotel Ralswiek, Parkstraße 35, 18528 Ralswiek, Fon 0 38 38/ 3 13 44, www.schlosshotel-ralswiek.de

Gut Reischvitz, 18528 Reischvitz, Fon/Fax 0 38 38/ 25 16 18

Schlosshotel Spyker, 18551 Spyker, Fon 03 83 02/ 7 70, Fax 03 83 02/ 5 33 86, www.schlosshotel-spyker.de

Vorvorpommern – zwischen Peene und Randow

Landhotel Rittergut Bömitz, 17390 Bömitz/Anklam, Fon 03 97 24/ 2 25 40, Fax 03 97 24/ 2 25 41

Schloss Hotel Buggenhagen, 17440 Buggenhagen, Fon 03 83 74/ 5 00, Fax 03 83 74/ 50 22

Schloss Gültz, 17089 Gültz, Fon 0 39 65/ 21 03 17, Fax 0 39 65/ 21 10 03

Gutshof Groß Behnkenhagen, 18510 Behnkendorf, Fon 03 83 28/ 6 10, Fax 03 83 28/ 61 15, www.gutshof-behnkenhagen.de
Schlosspark-Hotel Hohendorf, 18445 Hohendorf, Fon 03 83 23/ 25 00, Fax 03 83 23/ 2 50 61, Schloss.hohendorf@t-online.de
Schlosshotel Krugsdorf, Zerrenthiner Str. 2, 17309 Krugsdorf, Fon 03 87 43/ 50 32 2, Fax 0 39 74 3/ 50 23 7
Parkhotel Schloss Rattey, 17349 Rattey, Fon 0 39 68/ 25 50 10, Fax 0 39 68/ 25 50 50
Gutshaus Stolpe, Dorfstraße 37, 17391 Stolpe bei Anklam, Fon 03 97 21/ 55 00, Fax 03 97 21/ 55 09 9
Schloss Vanselow, Mortimer und Margarete von Maltzahn, 17111 Vanselow, Fon 0 39 98/ 2 80 90, Fax 0 39 98 28/ 09 25

SCHLÖSSER-RUNDREISEN

Der Touristik-Service „Schwerin Plus" (Fon 03 85/ 55 80 20) bietet verschiedene Möglichkeiten, die Schlösser Mecklenburgs kennen zu lernen. Eine dort erhältliche Broschüre informiert über die genauen Daten und Preise. Angebote: Schlösser-Rundreisen per Fahrrad inkl. Gepäcktransfer und Übernachtungen in Schlosshotels. Postkutschen-Touren zu Schlössern mit Übernachtungen in Schlosshotels. Attraktive Wochenendangebote in Schlössern Mecklenburg-Vorpommerns.

TAGUNGEN IN SCHLOSSHOTELS

Eine Auswahl von Tagungshotels:
Schloss Basthorst, Schloss Hotel Buggenhagen, Gutshotel Groß Breesen, Schloss Hasenwinkel, Schloss Groß Plasten, Jagdschloss Prillwitz, Romantikhotel Friedrich-Franz-Palais in Bad Doberan, Schloss Mentin, Gutsherrenhaus Neddesitz, Schlosshotel Nordland, Burg Schlitz, Schloss Spyker.

VERANSTALTUNGEN/FESTIVALS

Kultureller Höhepunkt: Festspiele Mecklenburg-Vorpommern, die jedes Jahr von Juni bis September stattfinden. Sie zeichnen sich nicht nur durch die weltberühmten Interpreten aus, die hier auftreten. Auch die besonderen Aufführungsorte sind einige der schönsten Kirchen und Schlösser Mecklenburg-Vorpommerns.

Kartenservice Festspiele Mecklenburg-Vorpommern, Graf-Schack-Allee 11, 19035 Schwerin, Fon 03 85/ 5 91 85 85, Fax 03 85/ 5 91 85 86, www.festspiele-mv.de, E-Mail: service@festspiele-mv.de

Vermittlungsservice für Schlossübernachtungen Schwerin Plus Touristik-Service GmbH, Körnerstr. 22, 19053 Schwerin, Fon 03 85/ 55 80 20, Fax 03 85/ 5 58 02 11

Störtebeker-Festspiele (Juli/August), Am Bodden 100, 18528 Ralswiek, Fon 0 38 38/ 3 11 00, Fax 0 38 38/ 31 31 93

Hanse-Sail
Organisationsbüro, Warnowufer 65, 18057 Rostock

Usedomer Musikfestival,
Delbrückstraße 39, 17424 Heringsdorf (September)

"Kleines Fest in Großen Park" in Ludwigslust,
Fon 0 38 74 / 52 62 45

Burgfest Neustadt-Glewe
(an jedem 2. Juni Wochenende), Fon 03 87 57/ 2 37 84

Maritime Events und Reisen, z. B. Besichtigung der Öresundbrücke von See aus, Windjammerfahrten, Tagungen auf See u. A. bei Sea Markeing Tours, Am Passagierkai 3, 18119 Rostock, Fon 03 81/ 5 13 27, www.eurolink-mv.de/smt.hoppe

WASSERSTRASSEN/WASSERWANDERN

Kaum andere eine Gegend bietet so hervorragende Möglichkeiten, das Land vom Wasser aus kennenzulernen. Allein 1800 Seen und ein 2500 km langes Wasserstraßennetz lassen sich per Paddel-, Ruder-, Segel- oder auch Hausboot erkunden. Infos über die Tourismusämter und Fremdenverkehrsverbände.

AUSWAHL WEITERER SEHENSWERTER SCHLÖSSER UND GUTSHÄUSER IN MECKLENBURG-VORPOMMERN

Landkreis Bad Doberan

Dummerstorf, barock, Anfang 18. Jh.
Garvensdorf, neogotisch, Mitte 19. Jh.
Gerdshagen, barock, Anfang 18. Jh., Mitte 19. Jh. verändert
Ehmkendorf, neogotisch, Mitte 19. Jh.
Gersdorf, neogotisch, Mitte 19. Jh.
Gr. Kussewitz, klassizistisch, 1805
Groß Lüsewitz, Neorenaissance, 1897
Groß Potrems, neoklassizistisch, 1861/1878
Klein Kussewitz, neogotisch, Mitte 19. Jh.
Poppendorf, klassizistisch, um 1830
Reez, klassizistisch, um 1825, 2. Hälfte 19. Jh. verändert
Stubbendorf, neobarock, 1906 v. Paul Korff-Laage
Wohrenstorf, barock um 1700, Ende 19. Jh. verändert

Landkreis Demmin

Bredenfelde, neogotisch, 1855 v. Friedrich Hitzig
Broock, neogotisch um 1850, im Kern barock
Faulenrost, barock, um 1761–64
Galenbeck, Fachwerk, barock, 2. Hälfte 18. Jh.
Gützkow, barock, 1777
Luplow, barock, um 1730
Tützpatz, barock, 1779, 1908 neobarock erneuert
Utzdedel, klassizistisch, um 1800
Wrodow, neogotisch, 2.Viertel 19. Jh.

Landkreis Güstrow

Charlottenthal, neogotisch, Mitte 19. Jh.
Katelbogen, neogotisch, 1898
Kurzen Trechow, klassizistisch, um 1800, im Kern 1601, 1901 und 1936 verändert
Rothspalk, klassizistisch, um 1830
Spoitgendorf, neogotisch, um 1880 v. G. L. Möckel
Zapkendorf, barock, Mitte 18. Jh.

Landkreis Ludwigslust

Blücher, barock, 1703
Brahlstorf, neogotisch. Mitte 19. Jh.
Camin, neogotisch, Mitte 19. Jh., im Kern von 1783
Drönnewitz, barock, 1793
Melkof, neugotisch, 18 von G. L. Möckel
Mühlenbeck, neoklassizistisch, um 1880
Tessin, klassizistisch, um 1835
Tüschow, klassizistisch, um 1840
Walsmühlen, barock, 2. Hälfte 17. Jh.
Zühr, barock, um 1730
Zülow, neoklassizistisch, um 1845

Landkreis Mecklenburg-Strelitz

Galenbeck, barock, 1712
Ganzkow, barock, 1. Viertel 18. Jh.
Gevezin, neobarock, um 1910
Groß Miltzow, Neorenaissance. um 1840
Kreckow, barock, 1744
Krumbeck, barock, 18. Jh., Anfang 20. Jh. verändert
Peckatel, neobarock, Mitte 18. Jh., Ende 19. Jh. verändert
Quadenschönfeld, klassizistisch, um 1800, 19. Jh. verändert
Schönhausen, neogotisch, 1843 von Friedrich Wilhelm Buttel
Sponholz, barock, 1742-45 von Julius Löwe

Landkreis Müritz

Alt Schwerin, barock, 1733, 1924 verändert
Below, barock, um 1700, im 19. Jh. verändert
Grubenhagen, neogotisch, um 1840, im Kern barock
Klein Plasten, barock, um 1700, 1899 erneuert
Lansen, barock, 2. Hälfte 18. Jh.
Puchow, neobarock, 1910
Retzow, klasssizistisch, um 1810
Rumpshagen, barock, 1730–32
Vielist, barock, 18. Jh., Mitte 19. jh. verändert
Zahren, barock, Mitte 18. Jh.

Landkreis Nordvorpommern

Barkow, neogotisch, 1875
Bartmannshagen, neobarock, 1903
Divitz, Renaissance, 16./17. Jh., im 18. Jh. barock ergänzt
Klevenow, barock, 17./18. Jh.
Parow, Neorenaissance, um 1860
Preetz, neoklassizistisch, 1881
Quitzin, barock, 1607, im 18. Jh. verändert
Schlemmin, neogotisch, um 1860
Turow, Renaissance 16./17. Jh., im 18. Jh. barock verändert

Landkreis Nordwestmecklenburg

Gottesgabe, neogotisch Mitte 19. Jh. im Kern barock
Grambow, neobarock, 1907, im Kern älter
Großenhof, barock, 17./18. Jh.
Groß Schwansee, barock, 1745
Klein Trebbow, Neorenaissance, 1865 von Hermann Willebrand
Lützow, neogotisch, 1876
Oberhof, neobarock, um 1910
Pötenitz, neobarock, um 1910 v. Paul Korff-Laage
Schönfeld, klassizistisch, 1819/20, von Christian Joseph Lillie
Wedendorf, klassizistisch, 1805-10 von M. F. Rabe, im Kern von 1697

Landkreis Ostvorpommern

Aurose, neobarock, 1902
Bandelin, neobarock, 1930
Gützkow, barock, 1777
Kuntzow, klassizistisch, 1812
Lüskow, Neorenaissance, 1868
Müggenburg, neogotisch, 1889/91, der Bergfried mittelalterlich
Pudagla, Renaissance, 16. Jh.
Putzar, Renaissance, 16, Jh.
Wrangelsburg, neogotisch, um 1880

Landkreis Parchim

Bülow, klassizistisch, 1842, im Kern barock
Cambs, neobarock, 1906
Raben Steinfeld, Neorenaissance, 1886/87 von H. Willebrand

Wendorf, neobarock, 1910 von Paul Korff-Laage
Zaschendorf, barock, Mitte 18. Jh. (Torhaus)

Landkreis Rügen

Granskevitz, barock, 17./18. Jh., im Kern älter
Groß Schoritz (Geburtshaus v. E. M. Arndt), barock, Mitte 18. Jh.
Karnitz, neogotisch, 1834/35
Lancken, barock, 1. Hälfte 18. Jh.
Libnitz, neobarock, um 1912
Renz, barock, Anfang 17. Jh., im Kern älter
Tribbevitz, neogotisch, Mitte 19. Jh.
Udars, barock, Mitte 18. Jh.
Venz, Renaissance, 2. Hälfte 16. Jh., im 17. Jh. verändert

Landkreis Uecker-Randow

Bröllin, neogotisch, Mitte 19. Jh.
Groß Luckow, neobarock, um 1915
Heinrichsruh, barock, Mitte 18. Jh.
Rothenklempenow, barock, 18. Jh.

Diese Zusammenstellung wurde vom Landesamt für Denkmalpflege Mecklenburg-Vorpommern erarbeitet (Stand August 2001).

mazda
AUTO-Partner
BAD DOBERAN
Wir sorgen für Ihre mobile Freiheit.
Auto-Partner GmbH • Mazda-Vertragshändler
18209 Bad Doberan • An der Gartenanlage 01
Telefon (03 82 03) 59 20 • Internet: www.auto-partner.mazda-autohaus.de

SMT
Inhaber Joachim Hoppe
Telefon: (+49 381) 5 13 27
Telefax: (+49 381) 5 19 36 38
Funk: (+49 171) 2 76 25 91
★ Firmenveranstaltungen auf See und an Land
★ Maritime Reisen
★ Chartern • Mitsegeln
★ Kartenverkauf für ticket-web
Am Passagierkai 3, D-18119 Warnemünde
E-mail: smt-hoppe@t-online.de
SEA MARKETING TOURS

IMPRESSUM

Deichstraße 27, D-20459 Hamburg
Telefon 040/ 32 08 68 92
Fax 040/ 32 08 68 94
ISDN 040/ 37 50 12 14
E-Mail lh-verlag@t-online.de
www.lh-verlag.de

IDEE, KONZEPT Wolfgang Henkel, L&H Verlag, Hamburg
REDAKTION
Wolfgang Henkel, Inken Broocks M.A., Anne Gielisch M.A., alle L&H Verlag, Hamburg
REDAKTIONELLE BERATUNG
Landesamt für Denkmalpflege Mecklenburg-Vorpommern
AUTOREN siehe Seite 283
FOTOS siehe Seite 283
GESTALTUNG L&H Verlag, Hamburg
SATZ L&H Verlag, Hamburg
LITHO reproform, Hamburg
PRODUKTION Druckerei zu Altenburg, Altenburg

UMSCHLAGFOTOS
Titel (oben): Schloss Schwerin, (unten) Schloss Klink
Rücktitel: Dorfkirche Vietlübbe, Strand Rügen, Burg Schlitz, Schloss Spyker, Schloss Güstrow

Die Deutsche Bibliothek – CIP-Einheitsaufnahme
Dieter Pocher: Schlösser, Herrenhäuser und Kirchen in Mecklenburg-Vorpommern: ein Reiseführer / Dieter Pocher, Holger Kraue und Reiner Elwers. 2., überarb. Aufl. – Hamburg: L-und-H-Verl., 2001 (OZ)

1. Aufl. u. d. T.: Pocher, Dieter: Schlösser und Herrenhäuser in Mecklenburg-Vorpommern
ISBN 3-928119-53-2

Gesellschaft der Freunde des Dessau-Wörlitzer Gartenreiches e.V.

Werden Sie heute Mitglied
und zeigen Sie Ihr Verantwortungs-
bewußtsein für den Erhalt
des kulturellen Erbes
und der Natur in der Zukunft.

Dessau-Wörlitzer Gartenreich

Weitere Informationen über das Dessau-Wörlitzer Gartenreich:
Kulturstiftung DessauWörlitz – Hauptverwaltung Schloß Großkühnau 06846 Des

Telefon: +49 (0340) 6 46 15-0 · Telefax: +49 (0340) 6 46 15-10
Internet: http: //home. t-online.de/home/ksdw - · E-mail: KsDW - @t-online.de

Gärten und Parks in Sachsen

Von Bernd Wähner

ISBN 3-928119-26-5

DM 24,80/ € 12,68

Das Gartenreich Dessau-Wörlitz

Von Thomas Weiss, Kulturstiftung DessauWörlitz

ISBN 3-928119-61-3

DM 19,80/ € 10,12

Hamburg Grün
Die Gärten und Parks der Stadt

Von Axel Iwohn, Martina Nath-Esser, Claudia Wollkopf

ISBN 3-928119-39-7

DM 34,80/ € 17,79

Berlin Grün
Die historischen Gärten und Parks

Von Anke Kuhbier, Klaus von Krosigk und Reiner Elwers
Herausg. Landesdenkmalamt Berlin

ISBN 3-928119-51-6

DM 29,80/ € 15,24

Potsdam Grün
Gartenkunst zwischen gestern und morgen

Das einzige offizielle Taschenbuch zur BUGA 2001

ISBN 3-928119-64-8

DM 19,80/ € 10,12

Ein Garten der Erinnerung – Leben und Wirken von Karl Foerster

Von Eva Foerster und Gerhard Rostin
Vorwort Harri Günther

ISBN 3-928119-65-6

DM 39,80/ € 20,35

O S T S
Puttgarden
Fehmarn
Burg
Fehmarn-sund
Heiligenhafen
Großenbrode
Oldenburg
Schleswig-Holstein
Grömitz
Neustadt
Lübecker Bucht
Timmendorfer Strand
Travemünde
Bad Schwartau
Lübeck
Dassow
Klütz
Ostseebad Boltenhagen
Poel
Wismarbucht
Wismar
Grevesmühlen
Schönberg
Dorf Mecklenburg
Rehna
Mühlen Eichsen
Gadebusch
Ratzeburger See
Ratzeburg
Mölln
Schaalsee
Schwerin
Schweriner See
Zarrentin
Wittenburg
Hagenow
Boizenburg
Pritzier
Redefin
Neuhaus
Lübtheen
Jessenitz
Bleckede
Kaarßen
Dahlenburg
Hitzacker
Dömitz
Danneberg
Gorleben
Lenzen
Schnackenburg
Niedersachsen
Mecklenburger Bucht
Ostseebad Ahrendshoop
Ostseebad Wustrow
Ostseebad Graal-Müritz
Warnemünde
Ostseebad Heiligendamm
Kühlungsborn
Ostseebad Rerik
Rostock
Kröpelin
Neubukow
Züsow
Schwaan
Gnemern
Neukloster
Bützow
Warin
Hasenwinkel
Brüel
Ganschow
Kaarz
Sternberg
Wendorf/Crivitz
Dobbertin
Krakow
Krakower See
Bossow
Basthorst
Mestlin
Crivitz
Goldberg
Karow
Passow
Plauer
Malcho
Plau
Lübz
Parchim
Neustadt-Glewe
Wöbbelin
Marnitz
Meyenburg
Zierzow
Grabow
Putlitz
Freyenst
Reetz
Karstädt
Pritzwalk
Perleberg
Elde
Störkanal
Elde-Kanal
Warnow
Elbe
Schaale
Elbe-Lübeck-Kanal